Altome[...]

collana diretta da[...]

7

I Longobardi e la storia

Un percorso attraverso le fonti

a cura di
Francesco Lo Monaco e Francesco Mores

viella

Questo volume è stato pubblicato con un contributo del Dipartimento
di Lettere, Arti e Multimedialità dell'Università di Bergamo e del F.A.R.
(ex 60%) del prof. Francesco Lo Monaco.

 **viella**
libreria editrice
via delle Alpi, 32
I-00198 ROMA
tel. 06 84 17 758
fax 06 85 35 39 60
www.viella.it

Indice

Premessa

Claudiae Villa
*gamangab

L'11 aprile 2008 l'Università degli Studi e il Comune di Bergamo promossero una giornata dedicata alle *Fonti per la storia dei Longobardi in Italia*. *I Longobardi e la storia* nasce da qui, ma con alcune aggiunte e omissioni delle quali è necessario dare rapidamente conto.

Durante la giornata di studi furono lette quattro relazioni, precedute da un'introduzione di Claudia Villa e seguite dalle conclusioni di Aldo Settia: Francesco Mores si occupò di *Come lavorava Paolo Diacono*, Walter Pohl dei rapporti tra *L'Historia Langobardorum e l'Origo gentis Langobardorum*, Francesco Lo Monaco del percorso *Da Fredegario ai* Fasti: *rinascita ed esaurimento della storiografia in lingua latina*, Paolo Cesaretti di *Procopio e i Longobardi*.

Retrospettivamente, ci siamo resi conto che riflettere sulle *Fonti per la storia dei Longobardi in Italia* significa esplorare i modi con i quali la storia dei Longobardi è stata costruita. Abbiamo dunque scelto di procedere in ordine cronologico, dal più antico autore di storie sopra i Longobardi (Procopio di Cesarea) fino al più recente (Paolo Diacono), senza stravolgere il senso della giornata di studi, ma tentando di offrire uno strumento che consenta di osservare quanto si muove dietro il palcoscenico. Non *Fonti per la storia dei Longobardi*, né *Storia dei Longobardi*, ma, semplicemente, *I Longobardi e la storia*.

Francesco Lo Monaco e Francesco Mores
Bergamo, luglio 2011

FRANCESCO MORES

Introduzione

Possiamo forse cominciare con una cattiva notizia: nell'anno di grazia 2011 è ancora impossibile considerare luogo comune il fatto che i Longobardi siano qualcosa di più dei primi veri invasori della penisola italiana. Continuiamo a sentir risuonare il racconto di una migrazione degenerata nella violenza, di un'evacuazione – di grandi proprietari terrieri, di vescovi, di un clero cattolico spaventato dall'arrivo di invasori non ancora convertiti – che fu anche liquidazione violenta, abbandono, sfruttamento parassitario e saccheggio. I saggi raccolti nel libro che il lettore ha tra le mani narrano una vicenda diversa. Sono anch'essi il racconto di una migrazione: a partire dall'immagine di un popolo di guerrieri, fino alle parole che consentono di dare un nome a coloro che chiamiamo Longobardi.

Una delle immagini più efficaci di un tipo ideale di Longobardo è quella contenuta in una raccolta di testi e saggi fortunatissima, forse al di là delle aspettative del suo stesso autore. Il fatto che essa sia ancora tanto letta e diffusa autorizza a partire da qui.

Nel maggio del 1949 Jorge Luis Borges affidò a una delle più importanti riviste letterarie argentine, «Sur», un racconto che sarebbe apparso pochi mesi dopo nella prima edizione in lingua spagnola della raccolta *L'aleph*.[1] La *Storia del guerriero e della prigioniera* – questo il titolo dell'apologo – era legato a circostanze precise e non era il frutto della sola invenzione letteraria. Da anni Borges

---

1. J.L. Borges, *Storia del guerriero e della prigioniera*, in Id., *L'aleph*, Milano 2009, pp. 46-51.

era un lettore dell'opera di uno dei più noti intellettuali italiani del Novecento: lo era per lo meno dal novembre 1936, quando un'altra rivista della capitale argentina, «El hogar», aveva pubblicato un suo sintetico profilo di Benedetto Croce.[2] Nel momento in cui scrisse la *Storia del guerriero e della prigioniera*, Jorge Luis Borges si ricordò di una postilla di Croce apparsa nel febbraio 1936. Eccola:

> Mi piacerebbe andare notando, per offrirne esempi, la poesia che alza il capo dove meno si aspetterebbe. Era un tempo in San Vitale di Ravenna l'epitaffio (serbatoci da Paolo Diacono) di un alemanno Droctulf, che aveva abbandonato i Longobardi per difendere contro di loro quella città. L'epitaffio versificato conteneva un attestato di gratitudine per quell'uomo, che aveva sacrificato l'affetto per i suoi cari alla nuova patria («contempsit caros, dum nos amat ille, parentes, - hanc patriam reputans esse, Ravenna, suam»). Ma nel dettare questi distici, l'ignoto autore a un tratto è preso da una visione lirico-epica del personaggio, e in pochi colpi lo scolpisce nella sua fisica possanza e nella sua particolare maestà e umanità di barbaro: «Terribilis visu facies, sed mente benignus, longaque robusto pectore barba fuit!». Dal giorno che lessi i *Rerum Langobardicarum scriptores*, questo Droctulfo entrò nella schiera delle creature poetiche che vivono nel mio ricordo.[3]

La postilla offrì a Borges parte del materiale necessario per stendere il racconto. Possiamo immaginare che egli lo abbia fatto rapidamente e che ciò giustifichi il risultato, a metà tra il saggio, l'apologo e l'autobiografia. Qui non ci occuperemo né dell'autobiografia, né della *storia della prigioniera*, per concentrarci sull'immagine borgesiana del Longobardo, veicolata da quello che segue:

> A pagina 278 del libro La poesia (Bari, 1942 [ma 1943]) Croce, riassumendo un testo latino dello storico Paolo Diacono, narra la sorte e cita l'epitaffio di Droctulf; ne fui singolarmente commosso, e in segui-

2. J.L. Borges, *Testi prigionieri*, a cura di T. Scarano, Milano 1998, pp. 29-30. Il profilo potrebbe essere stato per Borges una sorta di bilancio del proprio "crocianesimo"; la sua frequentazione con Croce risaliva almeno a un quindicennio prima, come dimostra la lettera all'amico Maurice Abramowicz del 20 gennaio 1921 da Palma de Mallorca, in J.L. Borges, *Cartas del fervor. Correspondencia con Maurice Abramowicz y Jacobo Sureda (1919-1928)*, a cura di C. García e C. Pera, Madrid 1999, p. 135. L'autore della lettera leggeva l'*Estetica* e aveva ventidue anni.
3. B. Croce, *La poesia. Introduzione alla critica e alla storia della poesia e della letteratura*, a cura di G. Galasso, Milano 1994, p. 286.

to compresi perché. Droctulf fu un guerriero longobardo che, durante l'assedio di Ravenna, abbandonò i suoi e morì difendendo la città che prima aveva attaccato. Gli abitanti di Ravenna gli dettero sepoltura in un tempio e composero un epitaffio nel quale espressero la loro gratitudine (*contempsit caros, dum nos amat ille, parentes*) e il curioso contrasto che si avvertiva tra l'aspetto atroce di quel barbaro e la sua semplicità e bontà: *Terribilis visu facies, sed mente benignus, longaque robusto pectore barba fuit!*

Tale è la storia e il destino di Droctulf, barbaro che morì difendendo Roma, o tale il frammento della sua storia che poté salvare Paolo Diacono. Non so neppure in quale periodo sia accaduto il fatto: se a metà del sesto secolo, quando i Longobardi devastarono le pianure italiane, o nell'ottavo, prima della resa di Ravenna. Immaginiamo (giacché questo non è un lavoro storico) che fosse il primo.

Immaginiamo, *sub specie aeternitatis*, Droctulf, non l'individuo Droctulf, che indubbiamente fu unico e insondabile (tutti gli individui lo sono), ma il tipo generico che di lui e di molti altri ha fatto la tradizione, che è opera dell'oblio e della memoria. Attraverso un'oscura geografia di selve e paludi, le guerre lo portarono in Italia, dalle rive del Danubio e dell'Elba; forse non sapeva che andava al Sud e forse non sapeva che guerreggiava contro il nome romano. Forse professava l'arianesimo, che sostiene che la gloria del Figlio è un riflesso della gloria del Padre, ma è più verisimile immaginarlo devoto alla Terra, di Hertha, il cui simulacro velato andava di capanna in capanna su un carro tirato da vacche, o degli dèi della guerra e del tuono, che erano rozze immagini di legno, avvolte in stoffe e cariche di monete e cerchi di metallo. Veniva dalle selve inestricabili del cinghiale e dell'uro, era bianco, coraggioso, innocente, crudele, leale al suo capo e alla sua tribù, non all'universo.[4]

Non c'è dubbio che la *storia del guerriero* dovesse moltissimo alla postilla intitolata *Poesia dove si trova* di Croce. Averla trovata significò per Borges risolvere il problema principale di ogni autore: trovare la materia del narrare. La postilla fu riassorbita quasi integralmente nell'esordio del racconto/saggio. Nel rispetto del genere saggistico, che esige che tutte le affermazioni siano verificabili dal lettore, Borges dichiarò immediatamente la propria fonte. Si mise nella posizione di colui che riassume un riassunto (riferito da Croce) di un riassunto (quello contenuto in Paolo Diacono, autore di una

4. Borges, *Storia del guerriero e della prigioniera*, pp. 46-47.

Storia dei Longobardi alla fine dell'VIII secolo)[5] di un testo (l'epitaffio ravennate riportato da Paolo). Anche per questa ragione, la postilla e il capoverso iniziale del racconto erano quasi completamente sovrapponibili: narravano una storia e un destino del tutto simili, che potevano essere fatti reagire con cento altri destini (come fece Borges raccontando una storia familiare, la *storia della prigioniera*). E tuttavia, almeno per il narratore, qualcosa sembrava non tornare.

Cominciare un capoverso, il secondo del racconto, con le parole storia e destino, associandole alla vicenda di Droctulf, poteva sembrare qualcosa di molto simile a una manifestazione di chiarezza, stilistica e concettuale: tale era la storia di Droctulf e tale il suo destino. Sennonché, immediatamente dopo aver ricordato che egli era morto per difendere Ravenna (associata all'idea di Roma), Borges definì le notizie tramandate per via indiretta da Paolo Diacono un semplice frammento sottratto all'oblio. Così facendo, tutto sembrava all'improvviso crollare. Non è credibile che l'autore della *Storia del guerriero* non avesse i mezzi per verificare se la vicenda di Droctulf si fosse svolta nel sesto o nell'ottavo secolo dopo Cristo; un lettore come Jorge Luis Borges avrebbe potuto facilmente accedere al testo di Paolo Diacono riprodotto negli *Scriptores rerum Langobardicarum et Italicarum* menzionati da Croce nella postilla; il fatto è che, accanto a Croce, Borges lesse Gibbon. Lo si deduce dall'unica nota contenuta nel racconto, posta al termine del primo capoverso. Dopo aver riportato due versi dell'epitaffio (*Terribilis visu facies, sed mente benignus, longaque robusto pectore barba fuit!*), l'autore della *Storia del guerriero* notò che essi erano stati citati anche da Edward Gibbon, nel quarantacinquesimo capitolo della sua monumentale *Storia della decadenza e della caduta dell'impero romano*.

L'"illuminazione" di Droctulf dipende strettamente dalla descrizione che di essa diede il più importante storico settecentesco, erede della tradizione erudita e continuatore della tradizione della storia filosofica. Vissuto tra il 1737 e il 1794,[6] Gibbon accennò a

---

5. Paolo Diacono, *Historia Langobardorum*, a cura di L. Bethmann e G. Waitz, in *M.G.H.*, *Scriptores rerum Langobardicarum et Italicarum*, Hannover 1878, pp. 12-187 (d'ora in avanti HL).

6. Come per Croce, esiste un profilo borgesiano di Edward Gibbon: M.E. Vázquez, *Colloqui con Borges. Immagini, memorie, visioni*, Palermo 1982, pp. 191-198.

Droctulf in un modo che colpì Borges, al punto da lasciare poco spazio all'immaginazione. Il prolungato dialogo tra i due fece il resto.[7] Dopo aver notato che già le generazioni dei Longobardi immediatamente successive al loro ingresso nella penisola avevano subito l'influsso del clima e delle leggi "italiane", Gibbon sostenne che essi avrebbero osservato «con curiosità e paura i ritratti dei loro selvaggi antenati» e che l'epitaffio di Droctulf – nei versi citati anche da Croce – poteva essere applicato «a molti dei suoi connazionali».[8] Questa generalizzazione, che l'autore della *Storia del guerriero* gonfiò fino a farne un'individualità considerata *sub specie aeternitatis*, fu il punto di partenza del terzo capoverso del racconto borgesiano. Esso intendeva creare una tradizione: una tradizione nella quale la memoria erudita si saldava con l'oblio; ma di oblio ce n'era ben poco.

La descrizione del tipo ideale del Longobardo (Alemanno) fu costruita attraverso sentieri tortuosi. Si consideri, ad esempio, l'accenno all'uro. L'uro era l'antenato del bufalo, il *bubalus*. Rinviando a Paolo Diacono, Gibbon ricordò come gli «Italiani videro con meraviglia una razza straniera di buoi e di bufali» popolare le pianure della penisola, allevati dai Longobardi. «Ma» – aggiunse lo stesso Gibbon in nota – «non posso tacere il dubbio che Paolo, per un errore popolare, abbia dato il nome di *bubalus* all'auroco, o toro selvaggio dell'antica Germania».[9] Auroco, ovvero uro: la coincidenza sembra troppo precisa per essere casuale.

Insieme al profilo di storia dei regni goto e longobardo nella penisola italiana, il capitolo della *Storia della decadenza e della caduta dell'impero romano* di Gibbon dedicato alla Germania e ai Germani conteneva un inventario quasi completo dal quale attinge-

7. La traccia più evidente di esso è nel piccolo manuale di J.L. Borges e M.E. Vázquez, *Letterature germaniche medioevali*, Napoli 1984, pp. 10, 15, 22, 67, 184. La *Storia del guerriero* apparve nel 1949, la prima edizione del manuale nel 1951 (accanto a Delia Ingenieros), la seconda, sulla quale è condotta la traduzione italiana, nel 1965 e nel 1978. Ma la rilettura della *Storia di Gibbon* risaliva al periodo trascorso come bibliotecario nella periferia di Buenos Aires, tra il 1937 e il 1946: J.L. Borges, *Un ensayo autobiográfico. Edición del centenario (1899-1999)*, a cura di A. González, Barcelona 1999, p. 77.

8. E. Gibbon, *Storia della decadenza e caduta dell'impero romano*, a cura di G. Frizzi, 3 voll., Torino 1967, p. 1745 e n. 7.

9. Ivi, p. 1748 e n. 2, da HL IV, 10.

re per tracciare l'immagine ideale del Longobardo, prima di tutto le origini di una possibile "conversione" o "illuminazione". Persino un Longobardo si sarebbe convertito se avesse letto Edward Gibbon e avesse saputo che «i popoli più civili dell'Europa moderna sono usciti dalle foreste della Germania; e nelle rozze istituzioni di quei barbari si possono rintracciare tutt'ora i più antichi costumi».[10] Civiltà e barbarie, come avrebbe notato Jorge Luis Borges più di centocinquant'anni dopo, non erano altro che due facce della stessa medaglia.[11] Ciò non significa che clima, costumi e istituzioni di barbari e Romani non fossero profondamente diversi. Per gli autori della *Storia della decadenza e della caduta dell'impero romano* e della *Storia del guerriero*, la Germania era soprattutto una terra di fiumi, il Danubio e il Reno (non l'Elba, menzionato da Borges), di selve profonde e di paludi.[12] Questi elementi, secondo Gibbon e Borges, influirono direttamente sull'attitudine dei "barbari" verso la potenza romana. Essa si trovava a Sud, dunque andava raggiunta, e il modo di rapportarsi con essa non poteva essere che quello della guerra, dal momento che «le grandi e maschie membra degli indigeni, i quali erano in generale di statura più alta dei popoli meridionali», davano «loro una forza meglio adatta ai violenti esercizi, che alla paziente fatica», e li dotavano di un «valore istintivo, effetto dei nervi e degli spiriti vitali».[13]

10. Gibbon, *Storia della decadenza e caduta dell'impero romano*, p. 198.
11. Borges, *Storia del guerriero e della prigioniera*, p. 51.
12. Gibbon, *Storia della decadenza e caduta dell'impero romano*, p. 200. La descrizione "climatica" di Gibbon riecheggia in una delle lezioni del corso di letteratura inglese che Borges tenne all'Università di Buenos Aires nel 1966. La lezione è la seconda, presumibilmente del 15 ottobre 1966, inclusa in J.L. Borges, *La biblioteca inglese. Lezioni sulla letteratura*, a cura di M. Arias e M. Hadis, Torino 2006, pp. 13-18 (il passo a p. 16). In essa era l'Inghilterra a essere definita un «paese paludoso», a causa del clima rigido; come il suo ispiratore inglese (accanto all'uro, il bue selvatico), l'autore della *Storia del guerriero e della prigioniera* era rimasto colpito dalle renne, che un tempo popolavano la Germania, ma che, alla fine del XVIII come negli anni Sessanta del XX secolo, si erano spostate più a Nord. Queste annotazioni di colore piacevano a Jorge Luis Borges. Cinque anni prima, per la Facoltà di Lettere della stessa Università di Buenos Aires, egli aveva curato un'antologia di *Páginas de historia y de autobiografía* di Edward Gibbon: J.L. Borges, *Obras completas*, vol. 4, *(1975-1988)*, Barcelona 1996, pp. 66-71.
13. Gibbon, *Storia della decadenza e caduta dell'impero romano*, p. 200 e n. 6, da Tacito, *Germania*, a cura di J. Perret, Paris 1949, 20.

Borges si ricordò forse della descrizione appena riportata quando dovette abbozzare il suo tipo ideale di "barbaro". Le analogie sono molte e vaghe (tutte riconducibili a uno sviluppo fisico influenzato dal clima), così come le differenze, tanto da far sospettare che, prese singolarmente, tutte o nessuna delle caratteristiche enumerate da Gibbon si trovino anche in Borges. Avvicinato all'uro, il cinghiale poteva essere una licenza poetica, giustificata dalla lettura di Gibbon, di Tacito o di una delle saghe "nordiche" predilette dall'autore della *Storia del guerriero*. Le stesse saghe, Tacito e Gibbon attribuivano un grande peso alla lealtà e alla tribù, ma fino a che punto tali elementi erano generalizzabili, nello stesso modo in cui, dal momento che Alboino «era stato educato nell'eresia ariana», ed era un capo «che eccelleva nelle virtù e nei vizi di un selvaggio eroe»,[14] tutti i Longobardi dovevano essere ariani e selvaggi?

La caccia alla fonte può essere un esercizio pericoloso; esige senso del limite e coscienza che la mente di ogni scrittore è molto simile al territorio da cui, secondo Gibbon e Borges, provenivano i Germani: una vasta pianura difficile da mappare, con picchi più o meno inaccessibili, ma con vaste aree riproducibili sulla carta. Quella che Borges definiva una geografia oscura potrebbe esserlo meno del previsto.

Nel capitolo dedicato alle origini dei Germani della sua *Storia del declino e della caduta dell'impero romano*, Edward Gibbon riservò un paragrafo al problema della religione delle popolazioni che vivevano tra il Reno e il Danubio.[15] La religione dei Germani era per Gibbon uno sconcertante miscuglio di bisogni elementari, timori e ignoranza. Non potendo controllare in alcun modo la natura, essi la veneravano, sperando così di placarla e di trarne qualche beneficio. Ciononostante, pur essendo la natura restia a lasciarsi imprigionare in simulacri e personificazioni, la geografia del culto era precisa: per templi essi avevano le «cupe e oscure foreste»; la «misteriosa

---

14. Gibbon, *Storia della decadenza e caduta dell'impero romano*, p. 1729. Borges non dubitava che l'arianesimo fosse all'origine delle "letterature germaniche": si veda il capitolo introduttivo di Borges e Vázquez, *Letterature germaniche medioevali*, pp. 9-12, dedicato alla figura di Ulfila e alla sua traduzione della Bibbia in lingua gotica.

15. Gibbon, *Storia della decadenza e caduta dell'impero romano*, pp. 212-213; fino a diversa indicazione, le citazioni nel corpo del testo saranno tratte da qui.

oscurità» di quei recessi favoriva una paura incontrollabile. I beneficiari di tale paura erano soprattutto i sacerdoti che erano i principali attori di un rituale descritto da Tacito e ripreso da Gibbon, per il quale «l'ignoto simbolo della Terra, coperto da un fitto velo» lasciava l'isola in cui era confinato, per mostrarsi alla luce del sole.[16] È molto probabile che l'oscurità borgesiana debba molto allo svelamento che di essa fece Gibbon. Le descrizioni del culto della Terra – che Borges chiamava Hertha o Nerthus[17] – coincidevano, così come il riferimento alle divinità della guerra e del tuono (fulmine in Borges).[18]

Ipotizzando che, attraverso Gibbon, Borges sia tornato sopra l'opera di Tacito, difficilmente egli non si sarebbe reso conto che, nello stesso luogo in cui lo storico romano descrisse il culto dei Germani (in realtà dei popoli chiamati Reudigni, Avioni, Angli, Varini, Eudosi, Suardoni e Nuitoni) per la Terra, i Longobardi facevano la loro prima, fugace, comparsa[19] nella storiografia romana. L'autore della *Storia del guerriero* avrebbe potuto rimanere colpito dalla descrizione di un piccolo popolo, nobilitato dalla sua capacità di non sottomettersi mai e di rispondere colpo su colpo a tutte le aggressioni subite da parte di popoli più grandi,[20] ma il riferimento a questo passo non avrebbe modificato il suo atteggiamento verso Tacito stesso. Come notò Edward Gibbon, buona parte del fascino esercitato dall'opera tacitiana stava nell'«espressiva concisione delle sue descrizioni», in grado di «esercitare la diligenza d'innumerevoli studiosi e di eccitare l'ingegno e l'acume degli storici dei nostri giorni». Fu soprattutto grazie a Tacito se, a partire dal XVI secolo,

16. Da Tacito, *Germania*, 40.
17. In virtù, forse, dell'idea che il passo tacitiano si riferisse anche agli Angli e ai Sassoni, idea difesa in Borges e Vázquez, *Letterature germaniche medioevali*, pp. 13-14, dove il paragrafo della *Germania* segnalato nella nota precedente viene tradotto e riportato per intero.
18. Da Tacito, *Annales*, a cura di P. Wuilleumier e J. Hellegouarc'h, 4 voll., Paris 1975-1989, XIII 57.
19. La seconda, se si considera la testimonianza fissata nella cosiddetta *Historia Romana* di Velleio Patercolo (terminata entro il 30 dopo Cristo), che incontrò e sconfisse i Longobardi al seguito del futuro imperatore Tiberio intorno al 5 dopo Cristo: Velleio Patercolo, *Historia Romana*, a cura di J. Hellegouarc'h, 2 voll. Paris 1982, II 106.
20. Tacito, *Germania*, 40.

fu edificato un «ingegnoso sistema delle antichità germaniche»,[21] al quale non sfuggirono né lo stesso Gibbon, né Borges, né molti di coloro che oggi narrano ancora la storia dei Longobardi. Il sistema possedeva una struttura semplice, molto simile a uno di quei composti chimici stabili in qualunque situazione di temperatura e pressione. Alla sua base stava ancora Tacito, in virtù del quale tutto ciò che era "germanico" doveva per forza essere contenuto nel breve testo noto come *Germania*. Dal momento che i Longobardi vi erano ritratti a tinte forti (nobili e bellicosissimi), era inevitabile pensare che, al momento del loro arrivo nella penisola italiana, essi sollevassero sentimenti di terrore e solitudine, aggravati da un ricorso sistematico da parte degli "invasori"all'ingiustizia e alla rapina.[22]

Non sembrano essere cambiate molte cose da quando Gibbon – che pure mise in guardia dai pericoli del sistema – scrisse tali parole. Nei manuali scolastici e in molte opere di larga circolazione, la migrazione da Nord degenerata in violenza è uno dei tratti caratterizzanti di un'immagine difficile da cancellare, come se la sensazione ispirata ancora oggi dai Longobardi fosse molto simile a quella che provavano le generazioni successive a quelle dei primi "invasori", una paura mista a curiosità per antenati così poco raccomandabili. Poiché anche noi facciamo parte delle generazioni successive a quelle dei primi "invasori", possiamo forse concludere così: facendo a meno della paura, non rinunciando alla curiosità intorno alla storia della formazione dell'immagine (troppo negativa) dei Longobardi. I saggi raccolti nelle pagine che seguono vanno decisamente in questa direzione.

21. Gibbon, *Storia della decadenza e caduta dell'impero romano*, pp. 200 e 202.
22. Ivi, pp. 1731 e 1744.

PAOLO CESARETTI

I Longobardi di Procopio*

«I Longobardi sono quasi del tutto rimasti in ombra a Bisanzio».
Con queste parole, enunciate ammettendo una punta di «delu-
sione», Paolo Lamma (1915-1961) iniziava il suo saggio *Sulla fortuna dei Longobardi nella storiografia bizantina*.[1] Lo scritto nacque
da un'occasione congressuale del 1951, ma a distanza di tempo lo
cogliamo come perfettamente allineato agli interessi profondi dello
studioso, nell'ottica di quella considerazione storico-culturale dei
rapporti tra Oriente e Occidente medievale alla quale egli dedicò
tanti contributi, dal parallelo studio su *Teoderico nella storiografia
bizantina*[2] all'ancora imprescindibile *Comneni e Staufer*,[3] quest'ultimo dedicato a tempi ben più avanzati rispetto all'alto medioevo, che
era stato privilegiato oggetto di ricerca dei suoi primissimi scritti.

A Lamma, ormai più di mezzo secolo fa, non premeva tanto
risolvere problemi storiografici, per esempio in merito alle relazioni
bizantino-longobarde,[4] quanto «ricostruire le linee di una "fortuna"»[5]
che giungeva sino a Costantino Porfirogenito. In questa prospettiva,

---

* HL = Paolo Diacono, *Historia Langobardorum*, a cura di L. Bethmann e
G. Waitz, in *M.G.H., Scriptores rerum Langobardicarum et Italicarum*, Hannover
1878, pp. 12-187.

1. P. Lamma, *Sulla fortuna dei Longobardi nella storiografia bizantina*, in
Atti del I Congresso internazionale di studi longobardi, Spoleto 1952, pp. 349-362,
poi in Id., *Oriente e Occidente nell'alto medioevo. Studi storici sulle due civiltà*,
Padova 1968, pp. 215-229, da cui si citerà nel prosieguo.

2. P. Lamma, *Teoderico nella storiografia bizantina*, in «Studi romagnoli», 3
(1952), pp. 87-95, poi in Id., *Oriente e Occidente nell'alto medioevo*, pp. 187-196.

3. P. Lamma, *Comneni e Staufer. Ricerche sui rapporti fra Bisanzio e l'Occidente nel secolo XII*, 2 voll., Roma 1955 e 1957.

4. Lamma, *Sulla fortuna dei Longobardi nella storiografia bizantina*, p. 229
e n. 1.

5. Ivi, p. 215.

il primo autore bizantino cui Lamma dava considerazione e voce era Procopio di Cesarea, cui dedicava una pagina corredata da una lunga nota e interpretando le notizie offerte dallo storico di Cesarea come una «trattazione esauriente».[6] Lamma rimarcava l'attenzione geografica di Procopio per la precisa localizzazione dei Longobardi («una delle forze che premono sul Danubio attorno a Sirmio», ambito che lo studioso definiva «punto delicato», «linea di frattura» tra Oriente e Occidente).[7] Segnalava anche la coscienza procopiana della valenza strategica di quella localizzazione, in un'area fitta di contatti con altre popolazioni e gravida di sviluppi ora pacifici ora bellici (esemplare il caso dei rapporti tra i Longobardi e i Gepidi), che per le loro «ripercussioni rapidissime e inopinate» possono coinvolgere l'impero tutto, la sua prosperità complessiva.[8]

Passando dalla fase descrittiva a quella più propriamente interpretativa, Procopio è scorto da Lamma come portatore di velate ma tenaci accuse all'imperatore (ciò che oggi chiamiamo *Kaiserkritik*[9]), in merito non solo alle situazioni locali ma a tutta la politica occidentale.[10] Nell'ottica procopiana ricostruita dal Lamma, i favori che Giustiniano non lesina ai Longobardi si mostrano, difatti, vani, perché alla fine ciò che prevale è il «ricostruirsi dell'unità barbarica, con grave pericolo per Bisanzio».[11] Non gioca assolutamente a favore, scrive il Lamma, l'opzione "cattolica" dei Longobardi, chia-

---

6. Ivi, p. 216, alla n. 1; nel testo osserva che «Procopio parla abbastanza diffusamente dei Longobardi».

7. Ivi, p. 216.

8. Ivi, p. 216, n. 1.

9. Termine invalso a partire dal fortunato F.H. Tinnefeld, *Kategorien der Kaiserkritik in der byzantinischen Historiographie von Prokop bis Niketas Choniates*, München 1971.

10. «Un grave atto di accusa sulla inutilità della politica occidentale dell'imperatore»: Lamma, *Sulla fortuna dei Longobardi nella storiografia bizantina*, p. 216, n. 1. Un'eccellente disamina della critica procopiana verso la politica occidentale di Giustiniano in M. Cesa, *La politica di Giustiniano verso l'Occidente nel giudizio di Procopio*, in «Athenaeum», 59 (1981), pp. 389-409, con ricca bibliografia. In A. Cameron, *Procopius and the Sixth Century*, London 1985, la posizione della studiosa italiana appare sottovalutata, diversamente da quanto accade nel recente A. Kaldellis, *Procopius of Caesarea. Tyranny, History and Philosophy at the End of the Antiquity*, Philadelphia 2004 (vedi per esempio le pp. 236 e 245).

11. Lamma, *Sulla fortuna dei Longobardi nella storiografia bizantina*, p. 216, n. 1.

ramente espressa da Procopio, che potrebbe eventualmente indurre a una loro idealizzazione in qualità di «barbari buoni».[12]

Nell'immagine dei Longobardi presentata dallo storico di Cesarea esisterebbe inoltre, secondo il Lamma, una "sottotraccia" consistente nella specifica funzionalizzazione militare dei Longobardi al seguito (e, aggiungiamo, al soldo) dell'impero, ciò che viene a coincidere essenzialmente con il loro impiego da parte dei Romani nell'ambito della guerra gotica in Italia. Si precisa così lo statuto non tanto ambiguo quanto duplice che i Longobardi verranno «ad assumere per un certo periodo nella tradizione storica bizantina»: ora «popolazione secondaria da contrapporre ad altre in un logorio di guerre intestine» (oltre confine), ora «riserva di ausiliari per la guerra su tutti i fronti».[13]

Quando poi Lamma scrive che «in fondo c'è una possibilità di trovare nei Longobardi quello che più tardi si volle vedere nei Franchi»,[14] egli allude implicitamente alla «simpatia per i barbari Franchi» che egli stesso scorse in Agazia,[15] lanciando dunque un ponte di collegamento che oggi definiremmo *intertestuale* verso i successivi sviluppi della storiografia di Bisanzio[16] ma anche prefigurando successivi orientamenti della critica, particolarmente sensibile, specie in anni recenti, ai temi relativi all'immagine dell'altro nelle fonti letterarie, con studi che coniugano sensibilità letteraria e competenza storica a elementi di analisi antropologica.[17]

12. *Ibidem*, dove lo studioso bolognese coglieva valore idealizzante nel legame matrimoniale, promosso da Giustiniano, tra Audoino e una discendente di Teoderico, sorella di Amalafrido: Procopio di Cesarea, *Bella* (= Proc. *Bell.*), VIII 25, 12. Resta però incerto se il matrimonio sia effettivamente avvenuto e anche il nome della donna è dibattuto, vedi *The Prosopography of the Later Roman Empire*, a cura di J.R. Martindale, voll. II, IIIA e IIIB, Cambridge 1980 e 1992 (d'ora in avanti PLRE), IIIA, s.v. *Auduin*, p. 152, e IIIB, s.v. *Rodelinda*, p. 1089.

13. Lamma, *Sulla fortuna dei Longobardi nella storiografia bizantina*, p. 216.

14. *Ibidem*.

15. P. Lamma, *Ricerche sulla storia e la cultura del VI secolo*, Brescia 1950, poi in Id., *Oriente e Occidente nell'alto medioevo*, pp. 83-160: alle pp. 96-98 i Longobardi sono presentati come ariani a fronte dei Franchi cattolici.

16. Per Agazia come successore e ammiratore di Procopio vedi, dopo il volume monografico di A. Cameron, *Agathias*, Oxford 1970, le anche sorprendenti osservazioni di Kaldellis, *Procopius of Caesarea*, in specie le pp. 116ss.

17. In una bibliografia assai ampia segnalo al proposito, e senza alcuna pretesa di esaustività, studi quali: A. Cameron, *Agathias on the Early Merovingians*, in «Annali della Scuola Normale Superiore di Pisa. Classe di Lettere e Filosofia», 37

Dopo Procopio, e già ai tempi di Agazia, con i Longobardi dominanti su tanta parte di quell'Italia che i Romani di Costantinopoli avevano appena e faticosamente sottratta ai Goti – Longobardi ora connotati religiosamente come "ariani" – ben diverse percezioni sarebbero nate.[18] E sull'ipotesi di una mutata immagine dei Longobardi a Bisanzio dopo il 568 in cui *Alboin ad Italiam venit* (HL II 7) insistette particolarmente un saggio dello studioso bulgaro Ivan Dujčev, presentato in occasione delle giornate di studio del 1971 sulla cultura longobarda in Europa.[19] All'interno di un'ampia trattazione relativa al rapporto tra Bizantini e Longobardi, egli interpretava e contestualizzava la testimonianza di Procopio nei termini di una dinamica e di una problematica diverse da quelle del Lamma. Per Dujčev il 568 fungeva da spartiacque fra i due tempi della va-

(1968), pp. 95-140, particolarmente vicino all'epoca di nostro interesse; estranei invece al periodo di Procopio ma utili metodologicamente studi come J. Koder, *Zum Bild des «Westens» bei den Byzantinern in der frühen Komnenenzeit*, in Deus qui mutat tempora. *Menschen und Institutionen im Wandel des Mittelalters. Festschrift für Alfons Becker zu seinem fünfundsechzigsten Geburtstag*, a cura di E.-D. Hehl, H. Seibert, F. Staab, Sigmaringen 1987, pp. 191-201; W. Hörandner, *Das Bild der Anderen: Lateiner und Barbaren in der Sicht der byzantinischen Hofpoesie*, in «Byzantinoslavica», 54 (1993), pp. 162-168; R.-J. Lilie, *Anna Komnene und die Lateiner*, in «Byzantinoslavica», 54 (1993), pp. 169-182; O. Schmitt, *Das Normannenbild im Geschichtswerk des Niketas Choniates*, in «Jahrbuch der Österreichischen Byzantinistik», 47 (1997), pp. 157-177; L.R. Cresci, *Michele Attaliata e gli* ἔθνη *scitici*, in «Νέα Ῥώμη», 1 (2004), pp. 186-207. In M.D. Spadaro, *I barbari nelle fonti antiche e protobizantine*, in «Salesianum», 67 (2005), pp. 861-879, menzione di Procopio a p. 872, n. 48. Meritevole di speciale considerazione è W. Pohl, *The Empire and the Lombards*, per cui vedi *infra*, nn. 218ss. e contesto, e J., *Justinian and the Barbarian Kingdoms*, in *The Cambridge Companion to the Age of Justinian*, a cura di M. Maas, Cambridge 2005, pp. 448-476. Il recente H. Börm, *Prokop und die Perser. Untersuchungen zu den römisch-sasanidischen Kontakten in der ausgehenden Spätantike*, Stuttgart 2007, mi sembra giungere a risultati critici di certo rilievo. Piace ricordare che nell'incipit della sua serrata *Introduzione* a Procopio di Cesarea, *Le guerre. Persiana Vandalica Gotica*, a cura di M. Craveri, Torino 1977 (*Introduzione* che costituisce un esempio ammirevole di lettura interna del testo, di Προκόπιον ἐκ Προκοπίου σαφηνίζειν) Filippo Maria Pontani presentava l'opera (p. VII) come «la storia d'un conflitto mondiale di civiltà» tra «Roma» e «barbarie»; ed erano tempi di Guerra Fredda, non di *Civilization Clash*.

18. Lamma, *Sulla fortuna dei Longobardi nella storiografia bizantina*, pp. 216ss.

19. I. Dujčev, *Bizantini e Longobardi*, in *La civiltà dei Longobardi in Europa*, Roma 1974, pp. 45-78.

lutazione dei Longobardi da parte della cultura bizantina (con tutti i limiti relativi a una siffatta generalizzazione). Il primo momento – anteriore all'invasione – è da lui ritenuto decisamente favorevole ai Longobardi, interpretati come validi alleati dell'impero contro i Goti: Procopio è ai suoi occhi il campione di questo atteggiamento, per cui Dujčev non teme di usare più volte termini come «simpatia», «predilezione», «favore».[20] Dopo il 568 la percezione, come si diceva, cambierebbe e i Longobardi verrebbero messi in luce meno propizia, propendendo il favore bizantino, invece, verso i Franchi anche perché cattolici. L'osservazione è forse troppo univoca, e non solo perché – Lamma lo adombrava; nel prosieguo di questo scritto cercheremo di evidenziarlo – i Longobardi di Procopio non sono così irreprensibili come Dujčev sembra presentarceli. Per converso, in testi successivi al 569 – per esempio nel *De administrando imperio*, manuale di politica estera di committenza imperiale e redatto in pieno X secolo – ai Longobardi si riconosce esplicitamente un grande valore bellico,[21] e lo stesso Dujčev ammette, sia pure cursoriamente, talune iniziative politiche e militari congiunte tra Bizantini e Longobardi contro nemici comuni.[22] Come che sia: al di là della sottolineatura in termini positivi dell'immagine longobarda, un indubbio merito delle pagine del Dujčev sta nella puntuale ricognizione *narrativa* del testo procopiano, non solo per quanto attiene ai suoi elementi referenziali (in termini cronologici per esempio), ma anche perché esso viene opportunamente considerato, più che come una «trattazione», come un "discorso", ricco di implicazioni e di digressioni. Spunti, questi, che oggi si è particolarmente propensi ad apprezzare, data la crescente valorizzazione della storiografia bizantina nella sua espressione squisitamente *letteraria*.[23] Ciò per cui, in

---

20. Ivi, p. 49 «simpatia e interesse» degli scrittori bizantini; in riferimento a Procopio, p. 50, «simpatia dello storico bizantino verso i Longobardi», «non celata simpatia», due volte «spirito di simpatia», etc.

21. Const. Porph. *De admin. imp.* 27 (Costantino Porfirogenito, *De administrando imperio*, a cura di G. Moravcsik e R.J.H. Jenkins, 2 voll., Budapest-Londra 1949 e 1962, vol. 1, pp. 112-118).

22. Per esempio Dujčev, *Bizantini e Longobardi*, p. 71.

23. Vedi fra gli ultimi contributi: *L'écriture de la mémoire. La littérarité de l'historiographie*, a cura di P. Odorico, P. Agapitos, M. Hinterberger, Paris 2004, e *Niketas Choniates. A Byzantine Historian and Writer*, a cura di A. Simpson e S.

specifico riferimento a Procopio, accade che un tema come la μίμη-σις venga trattato non solo come ripresa lessicale o stilistica di brani di autori antichi (dei quali si dimostra in questo modo la conoscenza da parte dell'autore), ma anche come chiave di interpretazione, for-ma-modello della comprensione e della comunicazione del processo storico[24] – mentre si affermano recenti e anche sorprendenti valuta-zioni in merito al «classicismo corrosivo» di Procopio.[25]

Possiamo oggi riconsiderare l'immagine dei Longobardi in Pro-copio alla luce di queste e anche di altre *lignées* storiografiche e critiche, ripercorrendo un testo che, oltre ad originare la fortuna dei Longobardi nella successiva storiografia bizantina, costituisce anche la *prima* fonte estesa di soggetto longobardo pervenutaci dall'intero corpus della letteratura greca antica e medievale.[26] Al proposito, le notizie sui Longobardi forniteci da Procopio potranno sì contenere *elementi innovativi* rispetto al corpus di informazioni disponibili alla sua epoca, ma è soprattutto da sottolineare che la sua «trattazione»

Efthymiadis, Genève 2009 (recente volume miscellaneo che offre il primo tentativo di analisi specificamente letteraria dell'opera di Niceta Coniata). Il *40th Spring Symposium of Byzantine Studies* presso la University of Birmingham (13-16 apri-le 2007) è stato dedicato al tema *Byzantine History as Literature*, con particolare considerazione delle «techniques and methodologies of the literary interpretation of Bizantine historical writing». Vd. *infra*, n. 231.

24. Vedi al proposito gli studi di L.R. Cresci, *Aspetti della* μίμησις *in Proco-pio*, in «Δίπτυχα Ἑταιρείας Βυζαντινῶν καὶ Μεταβυζαντινῶν Μελετῶν», 4 (1986-1987), pp. 232-249, e Ead., *Ancora sulla* μίμησις *in Procopio*, in «Rivista di filologia e di istruzione classica», 114 (1986), pp. 448-457. I due contributi con-tengono ottima rassegna bibliografica.

25. È la prospettiva espressa a più riprese in Kaldellis, *Procopius of Caesarea*: vedi soprattutto il primo capitolo, *Classicism and its Discontents*, pp. 17-61, dove si riprendono su vasta scala e si corredano con ampio conforto testuale e interte-stuale anche sporadiche intuizioni di studiosi precedenti, per esempio dello sloveno Kajetan Gantar.

26. Prima di Procopio troviamo occasionali cenni in due fonti a prevalente interesse geografico come Strab. *Geogr.* VII 1, 3 (C 291) – con caratterizzazione «nomadica» dei Λαγκόβαρδοι – e Ptol. *Geogr.* II 11, 6 (οἱ Σύηβοι οἱ Λαγγοβάρ-δοι) 8.9. Ai tempi di Procopio, da notare la testimonianza di Petr. Patr. *Fragm.* 6 che filtra Cass. Dio. *Hist. Rom.* LXXI 3, 1a Λαγγιοβάρδων. Quella di Procopio è giudicata «the first extensive appearance of the Lombards in historical literature» da Pohl, *The Empire and the Lombards*, p. 76. A prescindere dalla tradizione latina, ovviamente.

non fu voce di enciclopedia né lemma per la consultazione; tanto meno furono parole concepite per una cronaca universale basata sull'*annus mundi* quelle che alla popolazione germanica *longis barbis* dedicò il grande storico di Cesarea, pollone di una *élite* terriera e forse anche istituzionale cresciuto ed educato nelle scuole retoriche dell'Oriente mediterraneo dove si compitava Tucidide,[27] poi avviato allo studio delle leggi,[28] infine giunto, nel 527, circa trentenne, al legame decisivo per tanta parte della sua vita e della sua opera: un passo delle sue *Guerre* (I 12, 24) ce lo dice ξύμβουλος ovvero *consiliarius*[29] di Belisario, il più brillante fra i giovani generali della sua epoca, di fresca nomina a duca di Mesopotamia in Dara. Quello del *consiliarius* era ruolo di civili in servizio nell'esercito, «per assistere gli ufficiali superiori nell'amministrazione della giustizia», si è scritto.[30] Procopio si trovò così a essere per anni qualificato testimone oculare di eventi bellici fra i principali della sua epoca (*Bell.* I 1,

27. Per una ricostruzione sociale e intellettuale della prima *paideia* di Procopio, appena tratteggiata in Cameron, *Procopius and the Sixth Century*, vedi l'acuto saggio di G. Greatrex, *Stephanus, the Father of Procopius of Caesarea?*, in «Medieval Prosopography», 17 (1996), pp. 125-145, dove vengono riprese e circostanziate alcune intuizioni tardottocentesche del benemerito editore di Procopio Jakob Haury (*Zur Beurteilung des Geschichtschreibers Procopius von Cäsarea*, München 1896, pp. 10ss.).

28. Per la competenza giuridica di Procopio mi sembrano persuasive, da ultimo, le argomentazioni di G. Greatrex, *Lawyers and Historians in Late Antiquity*, in *Law, Society, and Authority in Late Antiquity*, a cura di R.W. Mathisen, Oxford 2001, p. 150. Sull'argomento, con particolare riferimento all'interpretazione di *rhetor*, termine riferito a Procopio nelle principali fonti relative alla sua fortuna (vd. J. Haury in Procopio, *Opera omnia*, vol. 1, pp. LXI-LXIII), è stato scritto molto; fra i sostenitori dell'interpretazione di *rhetor* come «scrittore» vedi in particolare G. Fatouros, *Zur Prokop-Biographie*, in «Klio», 62 (1980), pp. 517-523. Per una ancora diversa e ancor più sorprendente ricostruzione del profilo culturale e professionale dell'autore, vedi *infra*, n. 30 e contesto.

29. L'interpretazione di Procopio come «segretario personale» di Belisario, sulla base di *Suid. Lex.* Π 2479 ὑπογραφεὺς χρηματίσας (*Suidae Lexicon*, a cura di A. Adler, 5 voll., Stuttgart 1928-1938, vol. 4, p. 211, 3), sembra meno perseguita dagli studiosi; vedi discussione in PLRE IIIB, s.v. *Procopius* 2, p. 1060.

30. Così G. Ravegnani, *Soldati di Bisanzio in età giustinianea*, Roma 1988, p. 37. Per Haury, *Zur Beurteilung des Geschichtschreibers Procopius von Cäsarea*, p. 20, una delle ragioni che motivarono la nomina sarebbe stata la conoscenza della lingua siriaca da parte di Procopio. Per J. Howard-Johnston, *The Education and Expertise of Procopius*, in «Antiquité Tardive», 8 (2000), p. 29, nella prospettiva di

3), non senza occasionali permanenze in Costantinopoli: per esempio nel gennaio 532, quando poté assistere alla rivolta del *Nika* e al suo sanguinoso epilogo. Dal 533 al 534 Procopio fu nuovamente al seguito di Belisario (*Bell.* III 12, 3) in Africa settentrionale come πάρεδρος (*assessor*: *Bell.* III 14, 3)[31] per la conquista del regno vandalico, il più veloce successo del generale.[32] Richiamato Belisario a corte nel 534, Procopio probabilmente lo seguì, laddove dal 535 al 540 almeno (data dell'ingresso bizantino in Ravenna: Procopio era presente, *Bell.* VI 29, 32) fu a fianco del generale per la guerra "greco-gotica". Nella primavera 542 Procopio era per certo a Costantinopoli (*Bell.* II 22, 9) dove fu testimone diretto della rovinosa epidemia di peste che mise in pericolo anche la vita dell'imperatore Giustiniano, ridusse drasticamente la demografia mediterranea e (a causa di sviluppi sul fronte persiano) segnò la fine del sicuro favore di Belisario a corte:[33] ciò che probabilmente pose fine anche alla carriera di Procopio al suo seguito.

Chi volesse rappresentarsi l'attività quotidiana di Procopio in quegli anni, dovrebbe rimuovere dal suo orizzonte mentale l'immagine del reporter[34] *embedded*, proposta all'attenzione dell'opinione pubblica dai fatti bellici degli ultimi anni sui fronti del Vicino e del Medio Oriente.[35] Procopio era personaggio istituzionalizzato e re-

un Procopio «structural engineer», il suo apporto «to Belisarius' staff was technical rather than literary or legal or organisational» [*sic*!].

31. Non è pacifico che il valore del termine sia perfettamente identico a quello del precedente σύμβουλος/*consiliarius*.

32. Proc. *Bell.* III 12 3,-5 ci offre il prezioso resoconto di un sogno di Procopio, inizialmente timoroso, in seguito rassicurato circa l'esito della vicenda.

33. Cfr. Procopio di Cesarea, *Historia arcana* (= Proc. *Hist. arc.*) 4.

34. Uso il termine anche con riferimento alla interpretazione di Procopio favorita e promossa da Cameron, *Procopius and the Sixth Century*, dove la lapidaria definizione di p. 151 «in fact Procopius was an excellent reporter rather than a historian» è diventata quasi un cliché (vedi anche ivi, le pp. XI «highly artful reporter», XII «reporter though he is», 13 «eye-witness reporter», 241 «great strength as a reporter»). Lo studio della Cameron è alla radice degli sviluppi delle ricerche sull'autore maturate negli ultimi decenni: vedi S. Tougher, *Cameron and Beyond*, in «Histos», 1 (1997), www.dur.ac.uk/Classics/histos/1997/tougher.html.

35. Il reporter *embedded* è a tal punto "incastrato" nell'esercito che la sua attività e persino le sue corrispondenze dipendono dal programma fissato dall'ufficio stampa del potere militare, in base alle esigenze di autorappresentatività e promozio-

sponsabilizzato, anche chiamato a prendere iniziative concrete, al limite dello spionaggio, sui fronti di guerra[36] descritti nei libri delle *Guerre*: i primi sette ultimati entro il 550, l'ottavo entro il 553,[37] con ogni probabilità per la maggior parte in Costantinopoli, dove l'autore rielaborò materiali preesistenti (ὑπομνήματα sul modello lucianeo?[38]), interrogò testimoni, certamente arricchì la sua documentazione anche con ricorso alle fonti ufficiali di corte e diede sfogo alla sua vena retorica in quegli autentici *tour de force* che sono le *orationes fictae*, allocuzioni di generali e diplomatici[39] a lungo neglette dalla critica e che invece tanto peso hanno nella economia della narrazione, nel suo orientamento.[40]

Sui Longobardi, si diceva, Procopio storiografo non produsse un lemma enciclopedico. Nemmeno si esibì in una delle sue apprezzate descrizioni etnografiche,[41] dove egli soleva legare la descrizione di un popolo a uno specifico territorio del quale vantava

ne di quest'ultimo; l'accesso a fonti informative alternative è difficile ed è precluso qualsiasi margine di discrezionalità operativa. Non era questo il caso di Procopio.

36. Procopio non fu solo testimone di fatti bellici ma contribuì personalmente a sviluppi significativi, di cui riferì in terza persona, per es. in Siracusa (Proc. *Bell.* III 14) e in Osimo (VI 23). Su quest'ultimo episodio, elegante lettura di Cresci *Aspetti della* μίμησις *in Procopio*, pp. 456ss., con il paradigma polibiano assurto a forma-modello di interpretazione dell'evento.

37. Non è questa la sede per un'analisi della cronologia relativa dell'*opus* procopiano. Rimando ai recenti contributi di G. Greatrex, *The dates of Procopius' works* in «Byzantine and Modern Greek Studies», 18 (1994), pp. 101-114, e Id., *Recent work on Procopius and the composition of* Wars *VIII*, in «Medieval Prosopography», 27 (2003), pp. 45-67, con ampia bibliografia e rassegna dossografica.

38. Cfr. per esempio Luc. *Hist. conscr.* 48.

39. Mai di ecclesiastici, se non erro. Mi sembra, questo, uno dei "silenzi" procopiani da considerare con attenzione (vedi anche, nei *Bella* – ma non nell'intero corpus dell'autore – la mancanza di discorsi diretti dell'imperatore Giustiniano sottolineata da Kaldellis, *Procopius of Caesarea*, p. 48). Vd. *infra*, n. 201.

40. Vedi A.M. Taragna, Logoi historias. *Discorsi e lettere nella prima storiografia bizantina*, Alessandria 2000; puntualizzazioni teoriche interessanti in L.R. Cresci, *Diplomazia tra retorica e ideologia nella monografia storica del XII secolo*, in Ead., F. Gazzano, D.P. Orsi, *La retorica della diplomazia nella Grecia antica e a Bisanzio*, a cura di L. Piccirilli, Roma 2002, pp. 111-166.

41. Per Procopio come fonte attendibile di descrizione etnografica vedi G. Moravcsik, *Byzantinoturcica*, vol. 1, *Die Byzantinische Quellen der Geschichte der Türkenvölkern*, Berlin 1958, p. 492.

conoscenza.[42] In effetti, per quante sorprese riservino alcune recenti ricostruzioni della carriera di Procopio,[43] ancora non risultano ipotesi o affermazioni in merito al fatto che egli abbia visitato il fronte danubiano o l'area del *Feld* longobardo, o che, in Italia, egli abbia assistito agli ultimi episodi della guerra gotica, quando, a seguito di accordi tra Audoino e Giustiniano,[44] un importante contingente longobardo di 5500 unità – «duemila e cinquecento uomini valorosi» e «come addetti al servigio tremila uomini pur atti alla guerra» – fu messo a disposizione di Narsete.[45] Procopio dunque non scrisse dei Longobardi da enciclopedista o da periegeta, in base a una dimensione referenziale e puramente informativa del testo, ma da storico e scrittore, intento non solo a riferire i fatti in sé e per sé, secondo un enunciato principio di «verità»,[46] ma anche a trarne e a comunicarne il massimo possibile significato, in base alle convenzioni della sua epoca, ai canoni del genere letterario, al disegno complessivo della sua opera, a ciò che si potrebbe dirne il *Kunstwollen*.[47] In merito ai Longobardi non poteva soccorrerlo l'αὐτοψία, quella «visione diretta» dei fatti che egli invece rivendica nel prologo dei *Bella* (I 1, 3) e che con orgogliosa preterizione sottolinea sin dall'incipit del *De aedificiis* (I 1, 1).[48] Ebbe invece a sua disposizione due delle altre fonti della conoscenza storica

42. Penso in particolare all'inizio del libro VIII con la puntuale ricognizione della geografia e dell'etnografia del Ponto Eusino e delle popolazioni che lo abitano (Proc. *Bell.* VIII 1-6). Vedi l'ottima analisi di M. Cesa, *Etnografia e geografia nella visione storica di Procopio di Cesarea*, in «Studi classici e orientali», 32 (1982), pp. 189-215, con ampia bibliografia preesistente.
43. Come quella di Howard-Johnston menzionata *supra*, n. 30 e contesto.
44. Proc. *Bell.* VIII 25-26.
45. Ivi, VIII 26, 12. Cito dalla traduzione di Comparetti: Procopio di Cesarea, *La guerra gotica*, a cura di D. Comparetti, 3 voll., Roma 1895-1898, 3, p. 203.
46. Proc. *Bell.* I 1, 4.
47. Appassionata rivendicazione dell'elemento letterario in Procopio in Kaldellis, *Procopius of Caesarea, Introduction*, pp. 1-16, anche con *pointes* polemiche verso i «positivistic approaches» (p. 7).
48. Per il prologo al *De aedificiis* rinvio a P. Cesaretti, *All'ombra di una preterizione: Proc. Aed. I 1,1*, in «Rivista di studi bizantini e neoellenici», n.s., 45 (2008), pp. 153-178; Id., *Due agnizioni per Procopio*, ivi, n.s., 46 (2009), pp. 3-31 (specie pp. 29-31). Osservazioni al proposito anche nella mia introduzione (*Procopio tra storia e visione*) a Procopio di Cesarea, *Santa Sofia di Costantinopoli. Un tempio di luce (De aedificiis I 1,1-78)*, a cura di P. Cesaretti e M.L. Fobelli, Milano

secondo il paradigma classico[49] e specialmente erodoteo,[50] ovvero l'ἀκοή (raccolta orale dei materiali) e soprattutto la γνώμη, il giudizio, con ciò che esso comportava in termini di "plasmatura letteraria" del materiale.[51]

Queste fonti e queste esperienze egli piegò al suo disegno unitario, se è vero che, con eco tucididea,[52] a partire da *Bell.* VI 2, 38, egli sottolineò per una ventina di volte che τοὺς πολέμους Προκόπιος ξυνέγραψε, «Procopio scrisse la storia delle guerre».[53] E anzi, furono proprio quelle le parole con cui in *Bell.* VIII 35, 38 egli sigillò l'opera che gli valse la massima fama, in vita e postuma – mentre in essa non espresse mai con chiarezza che quelle guerre furono *vinte* dall'imperatore Giustiniano, ovvero da colui che (*Bell.* I 1, 1) aveva voluto «muoverle».[54]

2011, pp. 3-66. Il mio «*Bona civitatibus ex historia*» *(Proc.* Aed. *I 1,2),* per «Νέα Ῥώμη», 7 (2010), è ancora in corso di stampa.

49. Sulla mancanza di "istituzionalizzazione" della scrittura storiografica in età antica e poi bizantina vedi E. Maltese, *La storiografia,* in *Lo spazio letterario della Grecia antica,* a cura di G. Cambiano, L. Canfora, D. Lanza, vol. 2, *La ricezione e l'attualizzazione del testo,* Roma 1995, pp. 355-388.

50. Distinzione formale erodotea tra ὄψις e κατὰ τὰ ἤκουον in Erodoto: Hdt. *Hist.* II 99, 1 ma già all'inizio delle *Storie* (episodio di Gige e Candaule, I 8, 2) leggiamo che «ci si fida, delle orecchie, meno che degli occhi». Vedi anche Luc. *Hist. conscr.* 29, 51. Sempre in Hdt. *Hist.* II 99, 1 sottolineatura dell'opinione personale dello storico, la γνώμη.

51. Interazione tra αὐτοψία e ἀκοή per una finalizzazione del discorso storiografico nell'*explicit* di Procopio di Cesarea, *De aedificiis* (= Proc. *Aed.*) VI 7, 18. L'ascrizione di genere letterario dell'opera è problematica, ma Procopio è esplicito nel rivendicarla alla storiografia sin dal prologo, I 1, 1.2.4. Esamino la questione nella mia introduzione a Procopio di Cesarea, *Santa Sofia di Costantinopoli,* pp. 19-29.

52. Per Tucidide in Procopio vedi H. Braun, *Procopius Caesariensis quatenus imitatus sit Thucydidem,* in «Acta Seminarii Erlangensis», 4 (1886), pp. 161-221; F. Bornmann, *Motivi tucididei in Procopio,* in «Atene e Roma», 19 (1974), pp. 138-150; Greatrex, *Stephanus, the Father of Procopius of Caesarea?* e Kaldellis, *Procopius of Caesarea, passim.*

53. Procopio non necessariamente sapeva che nel modello tucidideo il *refrain* poteva indicare la corrispondenza tra il testo (con la firma) e il suo supporto fisico (rotolo): B. Hemmerdinger, *La division en livres de l'œuvre de Thucydide,* in «Revue des études grecques», 61 (1948), pp. 104-117.

54. Mi rifaccio alla traduzione del Comparetti, «Procopio di Cesarea ha scritto la storia delle guerre che Giustiniano imperatore dei Romani mosse contro i barbari così d'Oriente come d'Occidente, secondo che ciascuna di esse avvenne» (Proco-

Ancora: nel corpus procopiano i Longobardi non sono una presenza pervasiva e costante, come invece accade per altre popolazioni e soprattutto in riferimento all'unica altra πολιτεία – struttura statuale organizzata – che appare degna di speciale considerazione allo storico, ovvero la Persia sassanide, spesso accostata più che contrapposta all'impero «romano» nella propaganda dell'epoca.[55] Le menzioni procopiane dei Longobardi sono limitate ai *Bella* e più specificatamente ai libri VI, VII, VIII (= libri II, III, IV del *Bellum Gothicum*),[56] il loro non è un ruolo cruciale nell'economia dell'opera. Però resta significativo, se non altro perché la "trattazione" procopiana, lungi dall'esaurirsi in un singolo episodio, si distribuisce in più punti dell'opera, sapientemente orchestrata, a livello sia *intratestuale* (con digressioni e incisi e rimandi interni) sia *intertestuale*, nel rapporto con le altre opere procopiane e con la tradizione classica nel suo complesso. Si è giustamente ricordato che Procopio è autore che chiede di essere letto con lentezza, per cogliere appieno i suoi meccanismi letterari e narrativi sempre studiati; fra questi vorrei ricordare il meccanismo del «disvelamento progressivo», finalizzato a tenere alta l'attenzione del lettore, con forte accentuazione espressiva.[57] Considerazioni generali di questo tenore possono vale-

pio, *La guerra gotica*, vol. 1, p. X). Per una lettura attenta dell'*incipit* dei *Bella* in chiave di "classicismo corrosivo" vedi Kaldellis, *Procopius of Caesarea*, pp. 17-24, con sottolineatura degli elementi di *hybris* nella politica, e nell'intento, di Giustiniano. Il giudizio negativo sulle campagne occidentali è chiaramente espresso da Procopio, vedi Maria Cesa sia nell'impianto di Ead., *La politica di Giustiniano verso l'Occidente nel giudizio di Procopio*, sia in Ead. *Etnografia e geografia nella visione storica di Procopio di Cesarea*, p. 198 e n. 27. Un'aperta enunciazione in merito ai «successi» di Giustiniano si trova semmai nel posteriore quanto controverso trattato *De aedificiis* I 1, 6. 8.16.

55. Börm, *Prokop und die Perser*. Sensibili osservazioni in Cesa, *Etnografia e geografia nella visione storica di Procopio di Cesarea*, pp. 206, 209 e n. 48 (con bibliografia aggiornata all'epoca). Anche Kaldellis, *Procopius of Caesarea*, pp. 73 e 96.

56. L'articolazione in libri è d'autore, come del resto la chiara suddivisione del materiale in tre «guerre» (Proc. *Bell.* III 1, 1; V 1, 1), che poi ha dato vita a due tetradi nella tradizione manoscritta (*Bellum Persicum*, che include anche il *Vandalicum*, e *Bellum Gothicum*) come evidente già nei commenti omerici di Eustazio di Tessalonica (Eust. 425, 6-7) e in Niceforo Callisto Xantopulo, *Hist. Eccl.* XVII 10 (= *Patrologia Graeca*, vol. 147, Paris 1865, col. 241D).

57. Ho sviluppato il tema in più passi del mio *Teodora. Ascesa di una imperatrice*, Milano 2001, e succ. In Kaldellis, *Procopius of Caesarea*, pp. 33ss. («strategy

re anche per i «suoi» Longobardi.[58] In effetti, per essere funzionale all'impianto dei *Bella*, la «trattazione» deve essere necessariamente *discreta*,[59] distribuita nel corso del testo e perciò stesso soggetta alla relativa elaborazione letteraria.

Le menzioni procopiane dei Longobardi si contestualizzano nello scenario bellico "gotico", ovvero italiano, lungo un arco *cronologico-narrativo* che va dal 538[60] al 552[61] ma implicano un ben più ampio arco *storico-referenziale*,[62] che supera ampiamente il mezzo secolo e che in termini geografici abbraccia anche altri scenari. Vi è dunque un notevole movimento cronologico "retroverso", che ben si inquadra nel disegno generale della ἀκρίβεια storiografica procopiana,[63] che è in gran parte un discorso di ascendenza *lato sensu* tucididea relativo alle cause degli eventi storici, destinate altrimenti a restare di impropria o insufficiente comprensione.[64] Detto che questa differenza tra *tempo narrativo* e *tempo storico* genera

of delayed information»), ho trovato profonda consonanza. Ulteriori sviluppi in Cesaretti, *All'ombra di una preterizione*; Id., *Due agnizioni per Procopio*.

58. Vedi *infra*, nn. 84, 173ss. e relativi contesti.

59. Nell'accezione matematica e poi fonologica di «discontinuo», per cui vedi S. Battaglia, *Grande dizionario della lingua italiana*, vol. 4, p. 639, s.v. *Discreto* 12.

60. Proc. *Bell.* VI 14, 9: prima occorrenza dei Longobardi nell'opera dell'autore.

61. Ultima occorrenza dei Longobardi in Proc. *Bell.* VIII 33, 3 (uscita dal confine romano).

62. P. Ricoeur, *Tempo e racconto*, vol. 2, *La configurazione del racconto di finzione*, Milano 1987; J. Topolski e R. Righini, *Narrare la storia. Nuovi principi di metodologia storica*, Milano 1997.

63. Il verbo ἀκριβολογέομαι è impiegato in riferimento alla scrittura storica di Proc. *Bell.* sia nel proemio (I 1, 5) sia nel riferimento intertestuale di Proc. *Aed.* I 1, 20. Per l'ἀκρίβεια come elemento strutturante della ricerca e della scrittura storica vedi le affermazioni di Proc. *Bell.* VIII 1, 7.13. In Proc. *Aed.* I 1, 6 un altro riferimento intertestuale ai *Bella* è espresso con λεπτολογεῖν. Sempre in Proc. *Aed.* IV 1, 27 troviamo il nesso ἐς τὸ ἀκριβὲς λεπτολογεῖσθαι. Ma vedi anche *Hist. arc.* 1, 1.

64. Per il rapporto tra gli avvenimenti storici e il resoconto delle *cause* che costituisce il *proprium* del discorso storiografico si impone nel corpus procopiano il proemio di Proc. *Hist. arc.* 1, 2. 3 («sono stato costretto a tacere le cause... si dovrà segnalare in questa sede... le cause di quanto esposto»). In Cesa, *Etnografia e geografia nella visione storica di Procopio di Cesarea*, pp. 195ss., il tema procopiano della causalità storica viene opportunamente collegato con quello dell'ambientazio-

digressioni dal tessuto degli avvenimenti, gestite con piena consapevolezza dall'autore,[65] torniamo all'arco di tempo considerato da Procopio. Agevolissimo a datarsi è il riferimento più basso, ovverosia la
già accennata partecipazione longobarda alla vittoria dell'esercito di
Narsete contro i Goti di Totila nel luglio del 552 presso Gualdo Tadino (Bell. VIII 32), con i suoi immediati sviluppi, ovvero le gravi in-
frazioni commesse dai Longobardi, che vengono perciò rapidamente
scortati fuori «dal suolo romano»[66] (Bell. VIII 33, 3); il riferimento
più alto è anteriore al 491, anno dell'ascesa al trono di Anastasio
I imperatore (i Longobardi vengono qui introdotti nella narrazione
all'interno di un più ampio discorso sugli Eruli originato da fatti
del 538, Bella VI 14, 9ss.).[67] Questo arco narrativo di circa quindici
anni, in cui viene compresso un arco storico più che cinquantennale,
testimonia anzitutto la inarrestabile anche se non sempre esplicitata
dinamica longobarda. Dapprima esterni ai confini dell'impero, essi
si avvicinano, diventano interni, agiscono nel cuore stesso delle operazioni, infine vengono scortati «fuori».[68] L'opposizione tra "dentro"
e "fuori" non va sottovalutata, perché Procopio pur nelle sue enunciazioni discontinue e "discrete" pone ogni cura (l'aveva ben visto
Lamma) nella acconcia localizzazione dei Longobardi, tracciandone
il movimento all'interno dell'Europa.[69] Ecco come.

In Bell. VI 14, 1. 23, brani riferiti all'epoca di Anastasio, è ben
chiaro che i Longobardi si trovano nelle terre «al di là del Danubio»[70]

ne e della contestualizzazione geografica. Sul tema del "metodo" procopiano vedi
anche Cameron, Procopius and the Sixth Century, p. 136.
    65. Procopio ha piena coscienza della risorsa costituita dall' ἐκβολή storio-
grafico-letteraria, che enuncia per es. in Bell. I 7, 20; VII 29, 20; VIII 5, 5; 7, 3. Il
secondo di tali passi è riferito ai Longobardi.
    66. Procopio, La guerra gotica, vol. 3, p. 246.
    67. Vedi al proposito le osservazioni di J. Jarnut, I Longobardi nell'epoca
precedente all'occupazione dell'Italia, in Langobardia, a cura di S. Gasparri e P.
Cammarosano, Udine 1990, p. 24.
    68. Per l'interpretazione di questo «confine romano», che implica elementi di
Kaiserkritik, vedi infra (nn. 75, 192ss. e relativi contesti), in riferimento al quadro
"apocalittico" tratteggiato in Proc. Bell. VII 33.
    69. L'aveva già sintetizzato Lamma, Sulla fortuna dei Longobardi nella sto-
riografia bizantina, supra, nn. 7ss. e contesto.
    70. Procopio, La guerra gotica, vol. 2, p. 87.

e che le ricerche archeologiche da un lato, il confronto con altre fonti storiche dall'altro, consentono agli eruditi di porre nel *Feld* nei pressi di Vienna;[71] a questa prima fase ne succede una seconda, di piena età giustinianea (ca. 549), dove in una sezione di dura ancorché implicita *Kaiserkritik* (*Bell.* VII 33, 10-11),[72] sulla quale torneremo, li troviamo stanziati, per concessione e volontà imperiale, «dall'altra parte del Danubio»,[73] e dunque al di *qua* del grande fiume;[74] nel contempo un contingente "legittimista" di Longobardi, al seguito del pretendente Ildige, è una mina vagante nel territorio dell'impero. Le vicende della guerra greco-gotica, nel 552, ci fanno imbattere nei già menzionati 5500 guerrieri longobardi (*Bell.* VIII 26, 12) giunti in Italia, insieme alle truppe bizantine raccolte nella Tracia e nell'Illirico (*Bell.* VIII 26, 10) da Narsete in vista dello scontro finale con Totila. Ma in Italia, come si è detto, essi non restano: il loro deprecabile comportamento posteriore alla battaglia induce Narsete, comandante in capo romano, a rispedirli indietro, nella «patria lor

---

71. 489: stanziamento nel Rugiland, secondo A. Melucco Vaccaro, *I Longobardi in Italia. Materiali e problemi*, Milano 1988, p. 24. Di pochi anni successivo lo stanziamento nel *Feld*, per cui vedi J. Jarnut, *Storia dei Longobardi*, Torino 1995, p. 24, e Id., *I Longobardi nell'epoca precedente all'occupazione dell'Italia*, pp. 14ss.

72. Pohl, *The Empire and the Lombards*, pp. 85-89.

73. Procopio, *La guerra gotica*, vol. 2, p. 87.

74. Proc. *Bell.* VII 33, 10-11: «città di Norico... fortezze della Pannonia... insieme ad altre località e molto danaro» (ivi, p. 412). L'apertura di Giustiniano derivava dalla volontà di avvalersi dei Longobardi come cuneo o baluardo verso i Franchi da un lato e i Gepidi dall'altro, a fronte della problematica situazione del regno ostrogoto. Vedi anche F. Wozniak, *Byzantine Diplomacy and the Lombard-Gepidic Wars*, in «Balkan Studies», 20 (1979), pp. 139-158. Secondo Jarnut, *I Longobardi nell'epoca precedente all'occupazione in Italia*, pp. 26ss., e Id., *Storia dei Longobardi*, pp. 18-21, i territori considerati sono le province della (Pannonia) Savia, tra la Drava e la Sava, e del Norico Mediterraneo nella sua parte orientale (Slovenia e Carinzia). Lo studioso ritiene che i Longobardi si impossessarono di quei territori nel 547-548; l'insediamento, stando alla lettera di Procopio, deve essere considerato compiuto per il 549. Vedi anche Melucco Vaccaro, *I Longobardi in Italia*, pp. 24-27. Pohl, *The Empire and the Lombards*, p. 89, postula la concessione giustinianea come successiva al 543 ed enunciata da Procopio nel contesto corrosivo di Proc. *Bell.* VII 33 al fine di sottolinearne i cattivi esiti. Vedi ivi la n. 48 per le problematiche legate alla comprensione di Νορικῷ τε πόλει; anche S. Ciglenečki, *Langobardische Präsenz im Südostenalpenraum im Lichte neuer Forschungen*, in *Die Langobarden. Herrschaft und Identität*, a cura di W. Pohl e P. Erhart, Wien 2005, pp. 271ss. e 279.

sede», al di fuori del «suolo romano».[75] Ma se dobbiamo accettare come realistico il quadro dipinto a fosche tinte in *Bell.* VII 33, quel confine è ridotto rispetto a prima e dunque i Longobardi non tornano là, donde provenivano all'inizio. Ora sono molto più vicini, perché l'Occidente intero «è in mano barbarica» (*Bell.* VII 33, 1). L'ultima scena in cui Procopio dipinge i Longobardi (*Bell.* VIII 33, 1-2), è tanto corrosiva nei loro confronti, quanto era stata lusinghiera, lo vedremo, la prima. Possiamo domandarci, anche alla luce delle precedenti osservazioni sulla tecnica narrativa di Procopio, se si tratti di un esito soltanto casuale.

Questo cinquantennio, con la sua dinamica che possiamo ben tracciare – dal centro dell'Europa al centro dell'Italia, e ritorno – si evolve nel senso di una costante correlazione tra localizzazione fisica e sviluppi bellici. È dunque la dinamica *militare*, necessariamente privilegiata in un'opera sulle *Guerre,*[76] a costituire il punto di partenza.

In questa dinamica noi troviamo scontri attivi:

- *dei Longobardi isolati contro loro avversari*: gli Eruli, *Bell.* VI 14, 8-22 (sono fatti di età anastasiana);

- *dei Longobardi contro loro avversari, insieme ai Romani*: si tratta della ostilità dei Longobardi contro i Gepidi. A parte *Bell.* VII 34, per cui vedi *infra*, segnalo l'ingente blocco narrativo che si avvia a VIII 18, 12-13 e si conclude a VIII 25, 15 con fatti del 551-552 (culminati nella "battaglia dello Asfeld", HL I 24); viene inviata da Giustiniano un'armata con prestigiosi comandanti, e sebbene non giunga nella sua totalità a destinazione, combatte insieme ai Longobardi sconfiggendo i Gepidi; non conosciamo il numero esatto degli effettivi romani, né alla partenza né in arrivo;[77]

75. Procopio, *La guerra gotica*, vol. 3, pp. 245ss.
76. Ottimo inquadramento su Procopio storico militare in W. Kaegi, *Procopius the Military Historian*, in «Byzantinische Forschungen», 15 (1990), pp. 53-85. Efficace *boutade* in Kaldellis, *Procopius of Caesarea*, p. 42.
77. Dalle rimostranze espresse dai legati di Audoino a Giustiniano, nonostante la vittoria (Proc. *Bell.* VIII 25, 15) sembra di potersi inferire che, indipendentemente da quanto stabilito da Giustiniano, il contingente effettivamente pervenuto sullo scenario bellico fosse inferiore di numero non solo ai precedenti diecimila cavalieri menzionati ivi VII 34, 40, mai operativi, ma anche ai cinquemilacinque-

- *dei Longobardi, insieme ai Romani, contro avversari di questi ultimi*, ovvero i Goti: episodi dell'anno 552.[78]

Ma troviamo anche:

- *eserciti schierati in campo aperto e che finiscono per non combattersi* (accade a Longobardi e Gepidi nell'episodio deciso dal reciproco timor panico, narrato in *Bell.* VIII 18, 1-11);[79]

- *ingenti spedizioni militari vanificate* (l'intero capitolo *Bell.* VII 34, dibattuto quanto alla sua datazione;[80] dopo trattative diplomatiche, che includono anche l'invio di legati longobardi e gepidi a corte, i Romani decidono di impiegare a favore dei Longobardi contro i Gepidi una forza rilevante, oltre 10.000 cavalieri e in aggiunta 1.500 Eruli; non si giunge a battaglia perché Gepidi e Longobardi concludono pace separata);

- *proposte di coalizione* (quando il re goto Vitige, nell'inverno 539-540, cerca invano l'alleanza dei Longobardi contro i Romani, *Bell.* VI 22, 11-12);

- *dichiarazioni di ostilità* (Franchi contro Longobardi sul suolo italiano, *Bell.* VIII 26, 19, anno 552).

In questa gamma di opposizioni e di alleanze non troviamo *mai* contrapposizioni tra i Longobardi e il potere romano. La prima formalizzazione ufficiale e tecnica del loro rapporto privilegiato la troviamo in *Bell.* VI 22, 12 ed è quella di φίλος καὶ ξύμμαχος, «amico e alleato»,[81] con una specifica connotazione militare, riferita

cento Longobardi inviati da Audoino a Giustiniano contro Totila. Vedi anche *infra*, nn. 152-154 e contesto.

78. Proc. *Bell.* VIII 25, 15; 26, 12ss.

79. In merito alla relativa cronologia vedi *infra*, n. 138 e contesto.

80. All'anno 547 fa riferimento un'ampia *lignée* di studi (*contra* Pohl, *The Empire and the Lombards*, p. 90 e n. 54), vedi di recente Jarnut, *I Longobardi nell'epoca precedente all'occupazione dell'Italia*, p. 31, e Id., *Storia dei Longobardi*, p. 20. Ma in Procopio l'episodio è chiaramente posteriore (χρόνῳ δὲ ὕστερον, *Bell.* VII 34, 1) non solo all'insediamento in «Norico» ma anche alla morte di Teodora, al richiamo di Belisario, alla congiura contro Giustiniano, fatti che cadono nel periodo compreso tra l'estate 548 e l'inverno 548-549. Pohl, *The Empire and the Lombards*, mostra di seguire la cronologia procopiana, nonostante le riserve da lui stesso espresse in merito, vedi anche *infra*, nn. 216ss. e contesto.

81. Sull'oscillazione terminologica di ξύμμαχος vedi Pohl, *The Empire and the Lombards*, pp. 79-81: prevale «an alliance of arms that was achieved by promising and giving recompense».

al re longobardo Vacone dinanzi ai messi goti che cercano invano di coinvolgerlo contro i Romani.[82] Ma già prima di allora i Longobardi sono presentati in un ambito che, pur essendo *apertis verbis* «barbarico», non si contrappone al potere romano, anzi è più passibile di "osmosi culturale" con esso.[83] I Longobardi della prima apparizione sono cristiani a fronte degli Eruli pagani; quando i Goti li accostano, sono già legati all'impero da vincoli diplomatici; in seguito, nella lunga contrapposizione con i Gepidi, a partire dal 549, essi – sapendosi inferiori di numero, come Procopio sottolinea più volte – cercano l'aiuto di Giustiniano presentandosi in modo per lui lusinghiero come i «suoi Longobardi», sottolineando una forte personalizzazione del rapporto[84] e nel contempo alludendo a un legame che, se è meno consolidato nel tempo rispetto a quello con i Gepidi,[85] si vuole rafforzato nel segno della comune opzione cattolico-ortodossa a sfavore dell'altra popolazione, che invece è ariana.[86]

Forse è per questo abbozzo di osmosi culturale, grazie a vincoli religiosi e diplomatici che implicano una minore percezione di diversità o di "alterità", che nei tre libri dei *Bella* in cui effettivamente compaiono, i Longobardi *non sono mai oggetto di descrizioni particolareggiate relative a usi e costumi*, quali invece lo storico riserva ad altre popolazioni (per esempio i già menzionati Eruli, con i quali mette i Longobardi in rapporto sin da *Bell.* VI 14, 8; i Britti e i Varni di *Bell.* VIII 20; le già menzionate popolazioni del Ponto Eusino).[87] La loro funzione primaria è quella di carattere bellico,

---

82. Ivi, p. 88, dove si postula che l'alleanza sia stata stretta all'inizio della guerra gotica, e che sia stata sufficientemente "appagante" per Vacone; osserva con sottigliezza Pohl che «we may not be wrong to see Roman gold at work once again».

83. Impieghiamo il termine «osmosi culturale» nel senso di Henri-Irenée Marrou (1904-1977), vedi per esempio *Saggi sulla decadenza. Trasformazione e continuità dell'antico*, Milano 2002, p. 36. Sulla "acculturazione" bizantina dei Longobardi nei loro lunghi decenni in area danubiana Jarnut, *I Longobardi nell'epoca precedente all'occupazione dell'Italia*, pp. 25ss., e Id., *Storia dei Longobardi*, pp. 26-28.

84. Su tutto, vedi l'enunciazione sui «tuoi Longobardi», Λαγγοβάρδαις τοῖς σοῖς espressa dagli ambasciatori dinanzi a Giustiniano in Proc. *Bell.* VII 34, 24.

85. Pohl, *The Empire and the Lombards*, p. 86.

86. Vedi *infra*, nn. 173-178 e contesto.

87. *Supra*, n. 42 e contesto. Una ipotesi di classificazione organica in Cesa, *Etnografia e geografia nella visione storica di Procopio di Cesarea*, p. 192 e n. 8.

contestualmente al *punctum* di interesse dell'opera. Lungi da ogni idealizzazione pre-rousseauiana del barbaro incontaminato,[88] o da ogni esecrazione del barbaro in quanto tale, cui sola offrirebbe riscatto la πολιτεία romano-cristiana,[89] la dinamica attinente ai Longobardi viene osservata con freddezza nell'esame dello scontro delle forze in campo. E se è vero che l'aspetto bellico prevale, è il suo interfaccia con l'aspetto diplomatico[90] e con la dimensione religiosa a risultare particolarmente significativo. Una breve rassegna dei passi più importanti – o meglio dei nuclei narrativi che riguardano i Longobardi – può aiutarci a penetrare meglio la logica della loro presentazione "discreta" da parte di Procopio.

La prima comparsa dei Longobardi nell'opera procopiana (*Bell.* VI 14), con un movimento narrativo retroverso che porta all'epoca di Anastasio, tratteggia la loro contrapposizione ai "selvaggi" Eruli. Questi ultimi non solo sono presentati come pagani (si cristianizzeranno poi grazie a Giustiniano – *Bell.* VI 14, 34), ma la loro enunciata e proclamata "barbarie" li rende particolarmente interessanti per un'ampia riflessione etnografica (*Bell.* VI 14-15)[91] che invece, come si è detto, per i Longobardi manca. L'inserimento di ciò che potrebbe definirsi il "cammeo" longobardo nel tessuto storiografico è attentamente studiato da Procopio. Egli elabora fatti del 538, al tempo dell'avanzata di Belisario da Roma verso settentrione (*Bell.* VI 13, 1), per cui giunge nel Piceno anche Narsete, con 5000 soldati cui si uniscono 2000 Eruli appunto (*Bell.* VI 13, 16). È questa l'occasione narrativa per aprire la digressione sugli Eruli, sulla loro ferocia e violenza, sul loro rapporto con altre popolazioni barbariche e con l'impero (che li induce alla cristianizzazione), oltre che con l'isola di Thule, oggetto di una famosa descrizione e di un dichiarato "desiderio impossibile" di Procopio (*Bell.* VI 15, 8).

I Longobardi rientrano qui implicitamente ma necessariamente nel novero dei «barbari» (*Bell.* VI 14, 8-9) assoggettati alla potenza

88. Pontani, *Introduzione* a Procopio, *Le guerre*, p. X.
89. Proc. *Bell.* VIII 3 (Abasgi).
90. Un'attenzione "diplomatica" dei Longobardi anche nel passo di Cassio Dione serbato da Pietro Patrizio, vedi *supra*, n. 26 e contesto.
91. Cesa, *Etnografia e geografia nella visione storica di Procopio di Cesarea*, p. 208.

erula prima dell'ascesa al trono di Anastasio; Procopio sottolinea sin
dal primo apparire che essi erano *cristiani* (VI 14, 9 Λαγγοβάρδας
τε Χριστιανοὺς ὄντας), osservazione che acquista un sovrappiù
di senso non solo referenziale ma anche *narrativo*, se si considera
che è incastonata tra la precedente descrizione dei sacrifici umani
(VI 14, 2-7) e la chiusa di VI 14, 9 sulla «cupidigia e arroganza» (φι-
λοχρηματία, ἀλαζονεία) da parte degli Eruli *pagani*. Di seguito
leggiamo che al terzo anno di Anastasio (dunque nel 494) il re erulo
Rodolfo,[92] per stornare da sé accuse di mollezza, è istigato a muover
guerra «senza alcuna ragione» (*Bell.* VI 14, 12, αἰτία) contro i Longobardi che «niun torto gli avean fatto», οὐδὲν ἀδικοῦντας.[93] A
quel punto i Longobardi, per scampare alla guerra, inviano non una,
ma tre missioni diplomatiche in successione. Nella prima, dove Procopio ritorna sul tema della causa (VI 14, 13, αἰτία), e nella seconda
propongono anche di accrescere la misura del tributo di soggezione
agli Eruli, ma non vengono ascoltati; la terza volta segnalano che se
dovessero combattere non per volontà ma per costrizione (VI 14, 16:
οὐχ ἑκούσιοι ἀλλ᾽ ἠναγκασμένοι), chiamerebbero a testimone
Dio, per il quale nulla è impossibile: enunciano al proposito l'*adyna-
ton* retorico per cui, a un suo cenno, «anche un minimo vapore può
resistere ad ogni forza umana».[94] Gli Eruli non si smuovono dal loro
intento. Giunti allo scontro – che nella narrazione procopiana sembra prossimo alla dichiarazione di guerra di Rodolfo, ma che parte
della critica storiografica, attingendo ad altre fonti, ritiene di cronologia ben più avanzata[95] – al di sopra dei Longobardi si addensa una
nube nera, mentre sopra gli Eruli brilla il sereno, ciò che ai barbari

92. Vedi PLRE II, s.v. *Rodulfus*, p. 946.
93. Procopio, *La guerra gotica*, vol. 2, pp. 89ss.
94. Ivi, p. 91. Non escluderei una "risonanza" di *Giobbe* 26, 14, dove – all'interno di una sequenza di *impossibilia* che sono invece possibili a Dio – compare ἰκμάς.
Il tema delle citazioni o risonanze bibliche in Procopio, specialmente per quanto attiene al *De aedificiis*, meriterebbe studio dedicato. Si vedano intanto Cameron, *Procopius and the Sixth Century*, p. 259, e Kaldellis, *Procopius of Caesarea*, p. 141.
95. Vedi, per esempio, Jarnut, *I Longobardi nell'epoca precedente all'occupazione dell'Italia*, p. 24, dove si fa riferimento al 508, e Id., *Storia dei Longobardi*,
passim. Nel catalogo *I Longobardi e la Lombardia. Saggi*, Milano 1978, *Tavole sinot-
tiche* (a cura di Elisa Occhipinti), p. 280, si fa invece riferimento al 493. Buona analisi
delle difficoltà cronologiche nel commento di Lidia Capo a HL I 20 (Paolo Diacono,
Storia dei Longobardi, a cura di Ead., Milano 1992, pp. 392ss.).

dovrebbe apparire prodigio funesto (*Bell.* VI 14, 18-19): è ben noto
che nella mitologia germanica il dio della guerra Thor è il tuono che
dimora fra le nubi tempestose.[96] In questo singolare episodio di "sin-
cretismo" nell'interpretazione religiosa procopiana l'*omen* avvalora
le parole dei legati, e l'«orgoglioso disprezzo»[97] manifestato dagli
Eruli li porta alla sconfitta: è un tracollo, con pochi salvati dinanzi
al furore militare dei Longobardi, anzi «è la scomparsa degli Eruli,
come fattore politicamente rilevante, dalla storia».[98] Osserviamo che
guerra, diplomazia, religione si stringono *in unum*, nel celebrare la
vittoria del pacifico contro il violento, dell'aggredito contro l'ag-
gressore; quella dei Longobardi contro gli Eruli può risultare, ancor
prima che bellica, una vittoria morale, voluta dal favore divino, nel
senso della prevalenza della giustizia contro la *hybris* e in ultima
istanza del "cristiano" sul "pagano". Peraltro Procopio non si pro-
nuncia esplicitamente in questo senso; fedele al suo disegno narrativo, egli lascia sul posto i Longobardi e continua a seguire gli Eruli.
Sono le vicende degli Eruli presenti con Narsete sul fronte italiano,
del resto, quelle che egli ha introdotto e che attentamente persegue.

Poche pagine dopo, nell'economia narrativa dei *Bella*, ma molti
decenni dopo, nell'arco cronologico considerato dall'autore (quindi
con un preciso effetto di schiacciamento e di avvicinamento), troviamo la seconda occorrenza longobarda: libro VI 22, 9ss., inverno
539/540. Procopio non segnala (o non ritiene pertinente segnalare)
alcuna variazione in merito alla precedente localizzazione «al di là
del Danubio» (*Bell.* VI 14, 1).[99] I Romani di Belisario procedono
vittoriosamente in Italia, e i Goti di Vitige, «non giudicandosi capaci

96. Vedi R. Simek, *Lexikon der germanischen Mythologie*, Stuttgart 1995, s.v.
Thor, pp. 403-413: 410ss.
97. Procopio, *La guerra gotica*, vol. 2, p. 92.
98. Jarnut, *I Longobardi nell'epoca precedente all'occupazione dell'Italia*,
p. 24, e Id., *Storia dei Longobardi*, p. 15. PLRE II, s.v. *Rodulfus*, p. 946, punta al
periodo 507-512, riprendendo E. Stein, *Histoire du Bas-Empire*, vol. 2, *De la disparition de l'Empire d'Occident à la mort de Justinien (476-565)*, Paris-Bruxelles-
Amsterdam 1949, pp. 250ss. (dove, alla p. 151, n. 1, la «catastrophe de Rodulph»
è datata intorno al 510).
99. Ma i Longobardi erano già passati a Sud del Danubio, secondo parte della
critica, vedi ad esempio P. Delogu, *Il regno longobardo*, in P. Delogu, A. Guillou,
G. Ortalli, *Longobardi e Bizantini*, Torino 1980, p. 3, e Jarnut, *Storia dei Longobar-*

di far fronte da soli ai nemici (= ai Romani), decisero di procacciarsi l'aiuto di altri *barbari* [corsivo mio]».[100] Scartata l'ipotesi di un'alleanza con i Franchi (alla lettera Γερμανοί, *Bell.* VI 22, 10), «de' quali avevan sperimentato la perfidia e la malafede»,[101] Vitige accosta diplomaticamente i Longobardi nella figura del loro re Vacone, che è il primo longobardo espressamente nominato nei *Bella* (Οὐάκης),[102] per chiedere soccorso contro i Romani offrendo grandi ricchezze, ma invano, come già detto. Un esperto come Walter Pohl presuppone che l'alleanza romano-longobarda (anzitutto economica e militare, scevra di sfumature ideali) sia stata stipulata all'esordio della guerra gotica.[103] Dopo il diniego longobardo, prova di raro ancorché "prezzolato" rispetto degli accordi, si apre un dibattito alla corte gotica, per cui viene innescato nel conflitto Cosroe re dei re persiano, nonostante la «Pace infinita», ἀπέραντος εἰρήνη, precedentemente pattuita con l'impero,[104] che così viene attaccato "tirannicamente"[105] su quel fronte orientale che esso invece riteneva protetto e che a Procopio tanto premeva.[106] Gli esiti furono deprecabili per i Romani, anche perché questa riapertura delle ostilità a Oriente significò poi, alle lunghe, il richiamo del "vincente" Belisario via dall'Italia.[107] Resta

---

di, pp. IX e 16. Molto posteriore invece il passaggio (546-547) secondo altri, per esempio PLRE IIIA, s.v. *Audoin*, p. 152.

100. Procopio, *La guerra gotica*, vol. 2, p. 144.

101. *Ibidem.*

102. Procopio lo definisce tecnicamente ἄρχων. Per una sintesi della sua figura vedi PLRE IIIB, s.v. *Vaces*, p. 1350. Caratterizzazione di Vacone e del suo regno in Jarnut, *I Longobardi nell'epoca precedente all'occupazione dell'Italia*, pp. 24-26, e Id., *Storia dei Longobardi*, pp. 16-20.

103. Pohl, *The Empire and the Lombards*, p. 88.

104. Nel corpus procopiano la "Pace infinita" (532) viene pomposamente proclamata in Proc. *Bell.* I 22, 17, ma nelle restanti occorrenze (ivi II 3, 49.57; 5, 1; Proc. *Aed.* II 10, 1) viene evocata con ironia quasi antifrastica, per dimostrare quanto e come essa sia stata disattesa. Vedi *infra* (a proposito di *Bell.* VIII 14, 39), n. 160 e contesto.

105. Uso il termine in riferimento alla presentazione di Cosroe come "tiranno" speculare a Giustiniano data da Kaldellis, *Procopius of Caesarea*, pp. 119-128. Vedi anche *infra*, n. 146 e contesto.

106. Cesa, *La politica di Giustiniano verso l'Occidente nel giudizio di Procopio*, pp. 403 e 405ss.

107. Il richiamo del vincente Belisario via dall'Italia e il suo invio sul fronte persiano si leggono in Proc. *Bell.* II 14, 8ss.; ivi VI 30-VII 1. La logica composi-

il lealismo longobardo – ora verso i Romani come prima verso gli Eruli, con l'insistenza sul tributo dovuto al re Rodolfo – e con esso la spregiudicatezza gotica, oltreché, a ben guardare, una critica verso l'elemento religioso: i Goti ariani cercano alleanze per perseguire i loro fini sia nel campo cristiano (siano essi cattolici confratelli di fede ai Romani come i Franchi,[108] oppure cristiani "generici", come risultano ancora essere i Longobardi), sia fra i pagani Persiani, anzi, e per maggiore ironia della sorte, sono sacerdoti coloro che portano la perfida ambasciata a Cosroe. Del resto sacerdoti saranno anche coloro che astutamente introdurranno nell'impero il baco da seta, sottraendo il relativo "monopolio" ai Persiani.[109]

Sino a questo punto dei *Bella*, i Longobardi sono comparsi in riferimento prima agli Eruli, poi ai Goti; nel libro VII, verso la fine – il libro con il quale si chiudeva la prima "edizione", diremmo oggi, delle *Guerre* – una ampia sezione ce li presenta in due accezioni e contesti di diversa natura, ma destinati a intreccio reciproco. Cominciamo con un capitolo strategico, il già evocato *Bell.* VII 33, che si potrebbe accostare, nel linguaggio musicale, a un "adagio lamentoso", tanto deteriorata appare all'autore la situazione dell'impero appena prima della metà del VI secolo (anno 549); situazione che l'VIII libro modificherà solo in relazione alla vittoria romana su Totila e Teia, nel contesto di una Italia costantemente assimilata a una *waste land*.[110]

È morta l'imperatrice Teodora (*Bell.* VII 30, 4 – giugno del 548); Belisario già espugnatore di Ravenna, poi inviato sul fronte

tiva della separazione dei fronti di guerra e la strategia letteraria del disvelamento progressivo o della «delayed information» fanno sì che il secondo di questi nuclei narrativi illumini retrospettivamente il primo in senso corrosivo.

108. Vedi Proc. *Bell.* V 5, 9. Cesa, *La politica di Giustiniano verso l'Occidente nel giudizio di Procopio*, pp. 395ss., presenta considerazioni sulla connotazione sia «giusta» sia «santa» (in quanto "antieretica") delle guerre contro i Vandali e contro i Goti nella propaganda ufficiale giustinianea. In Procopio invece la seconda di queste connotazioni è particolarmente debole. Vd. anche il discorso di Narsete prima della battaglia di Tagina, *infra*, n. 180 e contesto.

109. Proc. *Bell.* VIII 17, 1-7.

110. Italia ἔρημος ἀνθρώπων è celebre luogo di Proc. *Hist. arc.* 18, 13, in coerenza con Proc. *Bell.* VII 33, 1 – anteriore alla vittoria contro Totila – e VIII 34, 1-3, che è invece posteriore. Sul passo vedi Cameron, *Procopius and the Sixth Century*, pp. 189ss.

persiano, poi richiamato, fra sospetti, a Bisanzio, quindi ancora inviato in Italia, è nuovamente rientrato nella capitale (VII 30, 25),[111] dove ha appena avuto luogo la congiura di Arsace e Artabane contro Giustiniano (548-549, *Bell.* VII 31-32).[112] In quel contesto Procopio passa in rassegna a volo d'uccello la situazione dell'Occidente a quel preciso punto della guerra gotica. È una visione sconfortante, quasi un mahleriano *Lied* per il declino dell'impero in Occidente. «Nel tempo di questa guerra i barbari si fecero apertamente padroni di tutto l'impero d'Occidente», nella traduzione del Comparetti;[113] i Romani dopo eccellenti inizi «senza alcun frutto vi perderono assai danaro e persone, ma per giunta anche l'Italia; e videro quasi tutto l'Illirico e la Tracia dai barbari, ch'eran già al confine, messe a sacco e bruttamente devastate».[114] Si definirebbe questo un controcanto rispetto agli esordi del libro I e del libro V, costituiti quasi con gli stessi materiali linguistici, a rafforzare l'effetto di risonanza interna, volta a finalità corrosiva.[115]

I Franchi divenuti padroni delle Gallie assistono alle corse del circo ad Arles e battono moneta d'oro, coll'effigie non dell'imperatore ma con la loro, in una irridente imitazione del costume romano, forse persino più smaccata di quanto non abbia già fatto Cosroe in Antiochia nell'anno 540 (*Bell.* II 8-10);[116] inoltre tengono le Venezie, dove i Goti, prostrati dalla guerra con i Romani, non possono serbare che qualche piazzaforte isolata. I Gepidi sono in Sirmio e in Dacia, depredando e devastando l'impero, anche perché non ricevono più donativi in denaro da parte di Giustiniano. Parte della Dacia è tenuta

---

111. Il severo giudizio (affine allo spirito di Proc. *Hist. arc.* 4, 42-5, 1), per cui gli ultimi cinque anni passati dal militare in Italia sono trascorsi invano, si legge in Proc. *Bell.* VII 35, 1, vedi *infra*, n. 130 e contesto.

112. M. Angold, *Procopius' Portrait of Theodora*, in ΦΙΛΕΛΛΗΝ. *Studies in Honour of Robert Browning*, a cura di C. Constantinides, N. Panagiotakes, E. Jeffreys, A. Angelou, Venezia 1996, p. 23, ipotizza che Procopio possa essere stato coinvolto nella congiura. Vedi anche Kaldellis, *Procopius of Caesarea*, pp. 163ss., sulla caratterizzazione positiva di Artabane data da Procopio.

113. Procopio, *La guerra gotica*, vol. 2, p. 410.

114. *Ibidem.*

115. Kaldellis, *Procopius of Caesarea*, p. 20: «pattern of resonance».

116. Ivi, pp. 119-128, per la felice rappresentazione speculare, simmetricamente inversa, di Cosroe come "imperatore romano" e di Giustiniano come "monarca persiano".

per concessione imperiale dagli Eruli, che poi compiono incursioni e depredazioni in Illirico e in Tracia, riuscendo nell'impossibile impresa di essere al contempo al soldo dell'imperatore e risultare flagello delle sue genti (VII 33, 14). Fra quella dei Gepidi e quella degli Eruli si inscrive la menzione dei Longobardi, che per dono dell'imperatore elargito «insieme ad altre città e denaro», sono «nella città di Norico»[117] e nelle fortezze della Pannonia e fanno preda e schiavi per Dalmazia e Illirico spingendosi fino al confine di Epidamno (Durazzo). Non sfugge all'occhio dello storico che essi hanno «lasciate le patrie sedi» per stabilirsi «dall'altra parte del Danubio non molto discosti dai Gepidi».[118] In questo modo Procopio lamenta la riduzione territoriale dell'impero, segnalando con particolare drammaticità la perdita territoriale e di potenza ancor più nello strategico ambito balcanico – da cui si può facilmente puntare a Costantinopoli cuore dell'impero – che non nella avventura italiana.[119] Con attenzione alla trama, lo storiografo segnala che i Longobardi, per munificenza imperiale, sono stanziati «non molto discosti dai Gepidi». È proprio con essi che verranno ben presto in contrasto e in conflitto, e ciò sin dalle frasi immediatamente successive, all'inizio di quello che, nel procopiano libro VII, è il nostro capitolo 34. Quel conflitto, e quel che ne segue per l'impero, viene così implicitamente ascritto alla colpevole responsabilità di Giustiniano.

Qui la storia si complica, diviene quasi carsica, moltiplicando l'immagine già "duplice" dei Longobardi che era stata avanzata dal Lamma. Alla storia principale, che è la contesa tra Longobardi e Gepidi, agìta da ragioni territoriali e politiche cui Procopio accenna ma che non precisa (VII 34 1-2),[120] fanno capo altre sottostorie e interessanti particolari. Anche gli attori in campo si moltiplicano. Seguiamo perciò

117. *Supra*, n. 74 e contesto.
118. Procopio, *La guerra gotica*, vol. 2, p. 412.
119. Pohl, *Justinian and the Barbarian Kingdoms*, pp. 468ss.
120. *Supra*, n. 74, per la contrapposizione tra Longobardi e Gepidi in prospettiva giustinianea: contrapposizione che poteva avere un valore "funzionale" che evitasse la crescita dell'uno o dell'altro popolo, in una situazione concepita per garantire a Bisanzio l'arbitrato nella zona. – Numerose osservazioni utili in Wozniak, *Byzantine Diplomacy and the Lombard-Gepidic Wars*. Il famoso contributo di D. Obolensky, *The Principles and Methods of Byzantine Diplomacy*, in *XIIe Congrès international des études byzantines*, Beograd-Ochrid 1961, pp. 45-61, ancora utile

le linee guida dei fatti, segnalando che le lunghe e consapevoli digressioni sui rapporti tra Gepidi e Longobardi – che occupano i capitoli 34 e 35 del libro VII e in seguito occuperanno i capitoli 18-19 e 25-27 del libro VIII – non debbono leggersi come episodi slegati o sfuggiti di mano all'autore in un impeto puramente referenziale e informativo, ma debbono cogliersi come una sorta di "vicenda parallela" funzionale e interrelata con il tema principale della guerra tra Romani e barbari: con una finalità specifica, che cercheremo di cogliere.[121]

Entrambi i popoli sono accesi da reciproco furore bellico contro l'avversario, ma i Longobardi, inferiori di numero, puntano a indurre i Romani alla ξυμμαχία, o al suo rinnovamento, stanti i precedenti accordi con Vacone, e in continuità terminologica con essi. I Gepidi invece si pongono come ἔνσπονδοι (federati)[122] rispetto all'impero, una definizione di non facile interpretazione nel contesto, forse anche da riferire alla luce di una più lunga tradizione di rapporti diplomatici reciproci;[123] siccome più numerosi si reputano favoriti nello scontro bellico. Rispetto ai Romani hanno due opzioni: l'alleanza dell'impero, o la sua neutralità. Da parte di entrambe le popolazioni si inviano legazioni diplomatiche a Giustiniano che porge loro ascolto separatamente, dapprima ai Longobardi, poi ai Gepidi.[124]

Torneremo su queste missioni; ora notiamo che Giustiniano, dopo avere lungamente ponderato,[125] si schiera con i Longobardi

nella sua impostazione generale, è però impreciso su numerose questioni rilevanti per il nostro argomento.

121. Non troppo diversa, in termini di concatenamento e di struttura, dalla successione di aneddoti apparentemente slegati di Proc. *Bell.* I o delle periegesi apparentemente casuali di VIII 1-6. Kaldellis, *Procopius of Caesarea*, li ha acconciamente definiti «Tales not unworthy of Trust» (pp. 6ss.).

122. Pohl, *The Empire and the Lombards*, pp. 81ss. e 86ss.

123. Ivi, pp. 86ss.

124. Dujčev, *Bizantini e Longobardi*, p. 52: se i Longobardi «vennero presentati per primi dinanzi all'imperatore», ciò implica «una certa preferenza» per loro. Difficile sostenere il contrario, date le implicazioni ideali dell'ammissione a Palazzo e del colloquio con l'imperatore "vicario divino in Terra". Vedi al proposito A. Carile, *La prossemica del potere: spazi e distanze nei cerimoniali di corte*, in *Uomo e spazio nell'alto Medioevo*, Spoleto 2003 (Settimane di studio del Centro italiano di studi sull'alto medioevo, 50), vol. 2, pp. 589-653.

125. Βουλευσάμενος δὲ πολλά, scrive Procopio in Proc. *Bell.* VII 34, 40, lui che spesso rimprovera all'imperatore di prendere decisioni affrettate, laddo-

nell'ottica di una ὁμαιχμία, una alleanza militare,[126] assai impegnativa: 10.000 cavalieri, con importanti capi, e 1.500 Eruli in aggiunta. Saputo dell'approssimarsi dei Romani, i Gepidi accomodarono il dissidio concludendo pace con i Longobardi «contro il voler dei Romani»,[127] che vennero a trovarsi esautorati dunque dalla loro funzione di arbitri della politica internazionale. Se questa loro funzione "salta", come è stato ben sottolineato dalla critica,[128] allora i Longobardi, come ogni altra popolazione barbarica, non sono più "pedine" dello scacchiere romano, ma possono in prospettiva evolvere e sviluppare una politica autonoma, in cui è giocoforza compresa anche la possibilità dell'alleanza antiromana. Procopio, ben consapevole di ciò, osserva infatti ἀκόντων 'Ρωμαίων, in significativa contiguità di contrasto a βάρβαροι (*Bell.* VII 34, 45). A quel punto l'armata romana nella zona delle operazioni è in grave imbarazzo (ἐν πολλῇ ἀμηχανίᾳ) e si trova in totale stallo, fatto che si inquadra alla perfezione nella situazione generale dell'impero chiarita dal testo immediatamente successivo (VII 35), che rimanda a sua volta allo strategico brano di *Bell.* VII 33 già menzionato, un vero perno che orienta la lettura dell'opera nel suo complesso, un ganglio strategico rispetto al quale si danno un "prima" e un "dopo".[129]

Nel successivo nostro capitolo 35 troviamo Giustiniano nei panni del "sopravvissuto": alla peste, alla morte di Teodora, alla congiura di Artabane e Arsace. Ma questo sopravvissuto non prende alcuna decisione, occupandosi solo di questioni religiose (VII 35, 11). Se sin da *Bell.* VII 30, 25 sappiamo che Belisario è stato richiamato dall'Italia, è solo ora (con una posposizione informativa o «delayed information» non rara in Procopio, alla luce delle sue finalità espressive) che leggiamo il giudizio sul suo operato, senza che

---

ve Anastasio non agiva mai senza ponderazione, οὐκ ἀνεπισκέπτως (I 10, 11). Un'espressione simile si legge anche a proposito del gotico Teoderico (V 1, 39).

126. Sul termine, largamente assimilabile a ξυμμαχία, si veda Pohl, *The Empire and the Lombards*, p. 81. Si direbbe un'alleanza armata finalizzata a una occasione specifica anziché "strutturale".

127. Procopio, *La guerra gotica*, vol. 2, p. 424.

128. Lamma, *Sulla fortuna dei Longobardi nella storiografia bizantina*, p. 216 e n. 1.

129. Seguiamo la *lignée* storiografica che data questi episodi al 549: Pohl, *The Empire and the Lombards*, pp. 90ss. e n. 54.

predilezioni o legami personali lo intacchino, in base all'assunto del proemio procopiano (*Bell.* I 1, 5). Leggiamo così che i suoi ultimi cinque anni in Italia sono stati ingloriosi, il pur grande militare non ha realizzato alcunché (*Bell.* VII 35, 1); logica conseguenza è quanto espresso in VII 36, 1-14, che cioè Roma venga nuovamente perduta dall'impero,[130] con un'ennesima riconquista da parte gotica. Il libro VII, che per i contemporanei di Procopio costituiva la "fine provvisoria" delle *Guerre* aggiornata al 550, si chiude in una situazione di gravissimo disagio, ulteriormente acuito dall'epitaffio dedicato da Procopio a Germano, che suona anche (VII 40, 9) come un implicito epitaffio per l'impero e per le sue speranze. Il lettore che avesse concluso la lettura dell'opera a quel punto (forse ripromettendosi di leggerne il prosieguo) si fermava su un quadro di rovine e di guerra, senza nemmeno la catarsi di una chiusura riepilogativa, per non dire ottimistica, quale che fosse.

Dicevamo che sin dal libro VII dei *Bella* la presentazione dei Longobardi si complica, si frammenta, mentre appaiono sulla scena nuovi attori. Procopio non ha perso occasione, introducendo le ambascerie barbariche a Costantinopoli di *Bell.* VII 34, di informarci in merito ai re[131] dei Gepidi e dei Longobardi che rispondono ai nomi di Thorisino e di Audoino rispettivamente (VII 34, 4). Poco prima della chiusura del libro, e dunque della prima *tranche* dell'opera, che egli affidava come un tutto unitario al giudizio dei lettori, Procopio offre ulteriori informazioni in merito ai re longobardi così leali all'impero e a Giustiniano, ovvero al già menzionato Vacone e dopo di lui ad Audoino. Procopio non ci informa (ignora?) che fu violenta l'ascesa al potere del primo, divenuto re dei Longobardi uccidendo Tato,[132] mentre ci dice che alla sua morte la successione sarebbe spettata al

---

130. Il tema di Roma, con le sue ricorrenti espugnazioni e successive perdite, corroborato poi dall'esperienza e dalla visione diretta di Procopio, assurge nei *Bella* al rango di vero e proprio *Leitmotiv* letterario. Che l'occupazione decisiva sia addirittura la *quinta* è sottolineato puntualmente in Proc. *Bell.* VIII 33, 27 e un implicito intento corrosivo appare tanto più probabile alla luce delle osservazioni di *Bell.* VIII 33, 24-25 sulla Tyche e su Bessa.
131. Anche qui Procopio impiega il verbo ἄρχω rifuggendo dal titolo e dal paradigma di βασιλεύς. *Supra*, n. 102 e contesto.
132. HL I 21.

nipote Risiulfo. Ma pur di assicurare il trono al figlio Valdaro – lo ebbe dalla terza moglie, erula (si chiamava Salinga)[133] – Vacone accusò Risiulfo di un delitto e lo inviò in esilio, presso i Varni che poi, istigati da Vacone stesso, lo uccisero. Dei due figli di Risiulfo rimasti con i Longobardi l'uno morì di malattia, l'altro, di nome Ildige, si rifugiò in ambito slavo. Quando poi Vacone morì, il potere andò al figlio Valdaro, come da progetto paterno (sono fatti da datarsi dopo il 540, forse intorno al 542),[134] ma questi era ancora fanciullo; vi fu una reggenza, esercitata da Audoino; il giovinetto morì non molto dopo, «di malattia» ci informa Procopio (Bell. VII 35, 18), sicché Audoino conseguì il potere.[135] Quindi ci troviamo dinanzi una situazione successoria atipica che poi sfocia in una situazione invece tipica: un reggente asceso in dubbie circostanze al potere e un "pretendente" che sente di sé come legittimo, ma è confinato in terra straniera.

La precedente contrapposizione tra Gepidi e Longobardi, generatrice dell'ambasceria a Costantinopoli (VII 34), aveva destato in Ildige, che aveva ampio seguito di Longobardi e di Slavi, un ravvicinamento ai Gepidi, ma la successiva pace conclusa tra le due popolazioni barbariche, oltre a destare lo scontento dei Romani, aveva evidentemente indebolito la sua posizione. Non è casuale che Audoino ne chieda la consegna ai Gepidi con il pretesto che ora le popolazioni sono «amiche» (Bell. VII 35, 20 πρὸς φίλων). Ma i Gepidi negarono, invitando peraltro l'esule a cercare rifugio altrove: l'ospite era eminente, ma scomodo. Tanto più ingombrante perché il suo prestigio dinastico era corroborato dalla forza di 6.000 armati che peregrinarono con lui nell'ambito che oggi diciamo balcanico; egli tornò dai suoi primi ospiti slavi, vagheggiò una non riuscita unione coi Goti, anche ingaggiò scontri (per lui vittoriosi) con i Romani, infine riparò, ancora una volta, in ambito slavo. Era, Ildige, un elemento di destabilizzazio-

---

133. PLRE IIIB, s.v. Salinga, p. 1107. Per le strategie matrimoniali di Vacone vedi Jarnut, I Longobardi nell'epoca precedente all'occupazione dell'Italia, p. 26, e Id., Storia dei Longobardi, pp. 16ss.

134. Jarnut, I Longobardi nell'epoca precedente all'occupazione dell'Italia, p. 26, e Id., Storia dei Longobardi, p. 18. Vedi PLRE IIIB, s.v. Waltari, p. 1399.

135. Dubbi sulla effettiva morte per malattia del giovinetto in Jarnut, I Longobardi nell'epoca precedente all'occupazione dell'Italia, p. 26. Inizio del regno di Audoino ca. 545 in Id., Storia dei Longobardi, p. IX; posteriore secondo PLRE IIIA, s.v. Audoin, p. 152 (547/548-552?); IIIB, s.v. Waltari, p. 1399 (548/549).

ne della situazione, immesso nel circuito "internazionale" da un raro sentimento di umanità a fronte dell'esule. E se l'immagine iniziale di "pietà cristiana" dei Longobardi comincia a creparsi un poco, quella dei Gepidi ne esce meglio. Peraltro, se usciamo dallo specifico contesto "barbarico" per ampliare la prospettiva alla totalità dell'opera, dobbiamo ricordare che, sin dall'inizio dei *Bella*, la rimozione di un regnante o di erede dinastico dalla scena del potere è *sempre* foriera di significativi sviluppi, quando non di violenze: si pensi, nello scenario bellico persiano, a *Bell.* I 5-6 (da Cavade relegato nella Prigione dell'Oblio alla successiva sorte di Blase), oppure, in quello vandalico, a *Bell.* III 9, dove la detronizzazione e l'uccisione di Ilderico da parte di Gelimero sono la causa scatenante della guerra con i Romani. Procopio sembrerebbe avere lasciato i suoi lettori dell'epoca con una ulteriore minaccia aperta e incombente; se sul capo di Ildige o di altri, ancora non era dato sapere.

Quando, nel 553, dopo che i precedenti libri erano stati «divulgati per tutto nell'impero romano»,[136] apparve l'VIII libro, caratterizzato dalla commistione dei fronti di guerra,[137] la questione longobarda è ripresa all'immediato inizio dei fatti d'Occidente (VIII 18). La contesa tra Gepidi e Longobardi che in VII 33-34 era stata composta con la pace separata che abbiamo già menzionato (549) ora si riaccende e innesca le nuove narrazioni delle turbolenze occidentali, di quell'Occidente di cui non si rimette mai in questione lo status enunciato in *Bell.* VII 33, ovvero e in sostanza di Occidente *perduto*. Le nuove contese coinvolgono a loro volta altri popoli, in una reciprocità di atteggiamenti politici e diplomatici, a partire dagli Unni Cutriguri e Utiguri. Viene così a cogliersi in termini narrativi e funzionali che le *questioni degli* ἔθνη attivate dall'iniziativa giustinianea in Occidente *non sono isolate* ma ognuna ne innesta altre, a catena, e che sono *indomabili e infinite*.

Motore dell'azione è l'attivismo dei Gepidi, il cui esercito viene a battaglia contro quello longobardo (è il 550)[138] con «molte mi-

136. Procopio, *La guerra gotica*, vol. 3, p. 3.
137. In realtà al fronte libico non si riserva che una fugace menzione (Proc. *Bell.* VIII 17, 20-22), incardinata tra i due più significativi scenari, persiano e gotico.
138. Seguo Pohl, *The Empire and the Lombards*, p. 92.

riadi di uomini»,[139] alla cui guida (ἡγεῖτο) troviamo ancora, come già in *Bell.* VII 34, 4 il gepido Thorisino e il longobardo Audoino. A orientare, mezzo secolo prima, un altro scontro bellico dei Longobardi, era stato un prodigio celeste (*Bell.* VI 14, 18-19); ora è invece il timor panico a cogliere l'una e l'altra armata, sicché la battaglia, pur tanto temuta, ancora una volta ... non avviene.[140] Fedeli alla loro già enunciata natura diplomatica e negoziale, i Longobardi inviano una ambasceria a Thorisino, il quale osserva che anche i suoi sono fuggiti benché nessuno li inseguisse, φεύγουσιν οὐδενὸς διώκοντος. Il suo comportamento viene apprezzato dai legati longobardi, corroborando agli occhi del lettore la precedente immagine "umana" avvalorata dalla vicenda di Ildige. A questo punto l'ambasceria longobarda interpreta l'episodio come un intervento divino (ancora una volta!) nella storia e propone una tregua biennale (550-552) accettata da Thorisino. Ma le questioni non sembrano destinate a risolversi. Sicché già un anno prima che la tregua scada i Gepidi legano a sé gli Unni Cutriguri, ben sapendo per esperienza che i Longobardi avranno i Romani come alleati (συντάξονται, *Bell.* VIII 18, 13). Difficile per i Gepidi tenere a freno l'ardore degli Unni, e questi ultimi passeranno il Danubio, con risultante perniciosa invasione del territorio romano. A quel punto Giustiniano attiva contro i Cutriguri gli Unni Utiguri, nel ben noto gioco di "arbitro" delle contrapposizioni etniche,[141] ma anziché al vantaggio dell'impero il tutto gioverà ai soli capi unni, il cutriguro Sinnion[142] e l'utiguro Sandil,[143] i cui caratteri sono tratteggiati con efficacia; il risultato di questo siparietto saranno ulteriori perdite di beni e territori romani (*Bell.* VIII 19). Del resto, è totale la turbolenza sul fronte danubiano in mano ai barbari. Le popolazioni slave irrompono con saccheggi e devastazioni, da cui i Gepidi traggono vantaggio economico, consentendo anche ad esse il passaggio del Danubio. Giustiniano cerca allora l'alleanza con i Gepidi, e lo fa in funzione eminentemente antislava, mentre sta per scadere la tregua

---

139. Procopio, *La guerra gotica*, vol. 3, p. 132.
140. Proc. *Bell.* VIII 18, 5, τὰ πανικὰ καλούμενα. È l'unica occorrenza nel corpus procopiano.
141. Obolensky, *The Principles and Methods of Byzantine Diplomacy*, p. 52.
142. PLRE IIIB, s.v. *Sinnion*, p. 1156.
143. Ivi, s.v. *Sandil*, pp. 1111.

biennale gepidico-longobarda seguita all'episodio del timor panico e un poco "alterata" dall'irruzione unna (alla quale i Longobardi sono estranei).

Alla preoccupazione antislava di Giustiniano si lega un altro timore, che invece riguarda i soli Gepidi: ovvero che Romani e Longobardi tornino alleati. Ecco allora che sono i Gepidi a inviare legati a Costantinopoli per stringere con i Romani un'alleanza che non sia più da confederati, ἔνσπονδοι, ma preveda impegno militare (ὁμαιχμία, συμαιχμία). Essa viene giurata non solo dall'imperatore ma anche da dodici membri del Senato (*Bell.* VIII 25, 9).[144]

Ma ecco che – in base a una delle improvvise μεταβολαί che ne caratterizzano l'operato e che Procopio corrode più esplicitamente nella *Historia arcana*[145] – ecco che, con immediatezza narrativa corrispondente a un minimo scarto cronologico (οὐ πολλῷ δὲ ὕστερον, VIII 25, 10), Giustiniano *contro* i Gepidi invia un esercito che sostiene la causa dei Longobardi, in base al precedente patto d'alleanza con loro (τὸ ξυμμαχικόν, ivi). È solo in seguito che apprenderemo la causa del comportamento, in base al costante principio procopiano di un "montaggio" dei fatti che sia insieme lineare e stupefacente: Giustiniano accusa i Gepidi di aver traghettato Slavi sul Danubio a danno dei Romani *dopo* il solenne giuramento del patto.[146] E contro di loro e in favore dei Longobardi appronta un esercito notevole; ne ignoriamo la consistenza numerica, ma sappiamo che fra i suoi capi vi era il fiore dell'esercito, incluso Amalafrido, di illustri lombi amali e turingi,[147] oltreché cognato di Audoino; in effetti è in questo contesto, e solo in questo, che apprendiamo che

---

144. Non mi sembra che sia disponibile uno studio sulla rappresentazione procopiana del giuramento, nella molteplicità delle sue funzioni: ora consolidamento di un legame fra Stati, altrove rafforzamento di vincoli verticali intrinseci allo Stato o sigillo orizzontale di condiviso supporto oppure obiettivo politico, per es. nel caso di congiure contro il potere costituito. Spunti interessanti, ma riferiti a periodi successivi, in M.-F. Auzépy e G. Saint-Guillain, *Oralité et lien social au Moyen Âge (Occident, Byzance, Islam): parole donnée, foi jurée, serment*, Paris 2008.

145. Proc. *Hist. arc.* 11, 1-2; 13, 14-15; 22, 30-31.

146. Ivi 11, 1-2, per la caratterizzazione di Giustiniano come spergiuro. Vocabolario e narrazione sono assai simili a Proc. *Bell.* II 9, 8, dove invece lo spergiuro infido è Cosroe. Per la caratterizzazione combinata dei due "tiranni" d'Oriente e d'Occidente vedi *supra*, n. 105 e contesto.

147. PLRE IIIA, *s.v. Amalafridas*, pp. 50ss.

al re longobardo Giustiniano aveva promessa in sposa la sorella di Amalafrido, a prova del suo favore (VIII 25, 12).[148]

Il resto dell'esercito si ferma a Ulpiana (Iustiniana Secunda) per risolvere contrapposizioni dogmatiche cristiane degenerate in questioni di ordine pubblico,[149] e solo il contingente di Amalafrido raggiunge insieme ai Longobardi il teatro della battaglia, dove si infligge ai Gepidi una vera e propria «disfatta».[150] In questo episodio dell'anno 552[151] come già in precedenza troviamo ulteriore prova della buona sorte dei Longobardi in battaglia (anche se questa volta non viene chiamata in causa la divinità); nella successione dei fatti, i militari romani non sono lontani da una nuova sperimentazione dell'impossibilità ad agire – ἀμηχανία – già riscontrata in Bell. VII 34, 46.

Audoino, fedele alla diplomazia, invia alcuni del suo seguito a recare la buona notizia all'imperatore. E insieme ad essa un rimprovero, a fronte della scarsità numerica degli effettivi romani presenti (οὐ παραγενέσθαι, Bell. VIII 25, 15), sia perché impari all'alleanza, sia benché (e qui apprendiamo una importante novità) «tanto numero di Longobardi fosse stato testé spedito per assistere Narsete nel combattere Totila e i Goti».[152] Ricompare così la figura dell'eunuco accompagnato da un omen favorevole e da un grande esercito che Procopio aveva anticipato in Bell. VIII 21 e che era rimasta un poco carsica, sebbene in VIII 24, 5 Procopio avesse sottolineato la determinazione imperiale a «scacciare affatto» i Goti dall'impero romano.[153] Più tardi, in Bell. VIII 26, 12 apprenderemo essere la forza longobarda di ben «duemila e cinquecento valorosi» con tremila uomini «addetti al servigio» e «pur atti alla guerra»: una clausola del «patto di alleanza» e del «molto danaro» imperiale,[154] che Audoino rispetta, mentre la "lealtà" di Giustiniano sia verso i Gepidi sia verso

---

148. Supra, n. 12 e contesto.
149. In riferimento a questo episodio leggiamo (Proc. Bell. VIII 25, 13) una delle – purtroppo inevase – promesse procopiane relative a un futuro testo su problematiche teologiche (vedi anche Proc. Hist. arc. 1, 14; 10, 15; 11, 33; 26, 18ss.).
150. Procopio, La guerra gotica, vol. 3, p. 196.
151. Per la cronologia seguo ancora Pohl, The Empire and the Lombards, p. 94. È questa la "vittoria di Asfeld", per cui vedi supra, n. 77 e contesto, e infra, n. 158.
152. Procopio, La guerra gotica, vol. 3, p. 196-197.
153. Ivi, p. 184.
154. Ivi, p. 203.

i Longobardi, nonostante i giuramenti, non appare specchiata. Vediamo quindi come l'interconnessione dei fronti traccia un quadro sempre meno lusinghiero e della situazione dell'impero e del comportamento del suo sovrano, nella prospettiva di *Kaiserkritik* adombrata dal Lamma e ripresa da successivi sviluppi della critica.

In questa situazione di vittoria e di "munificenza longobarda" ricompare sulla scena, dimostrando la complessità dell'ordito narrativo padroneggiato da Procopio (vedi l'apertura di *Bell.* VIII 27, 1), la già accennata "variabile Ildige", in riferimento al pretendente longobardo che già abbiamo visto oscillare tra area slava e gepidica, nonché tentato da avventure gotiche. In *Bell.* VIII 27 1-2 Ildige ripara a Bisanzio; ed è solo a questo punto (non in riferimento alla morte del figlio di Vacone) che Audoino viene espressamente tratteggiato da Procopio come usurpatore: «re di quei barbari, il quali erasi a forza impadronito del regno, che a lui [*scil.* Ildige] per prosapia apparteneva» (VIII 27, 1).[155] Non è improbabile che Procopio, fedele alla strategia della «delayed information», abbia riservato una così esplicita caratterizzazione di Audoino a questa parte del testo (torneremo presto sul tema) con una finalità espressiva e cioè per caratterizzare pateticamente *e contrario* Ildige nella sua qualità di esule e supplice.

Nella prospettiva di Ildige, il successo crescente di Audoino doveva apparire sempre più minaccioso; egli riteneva che solo il prestigio della Nuova Roma, benché stretta alleata del potente longobardo, potesse offrirgli quanto riteneva fosse adatto al suo rango. Giustiniano per parte sua lo eleva a *comes* di una *schola palatina*, tanto più che quello portava con sé 300 uomini.[156] Ma poi le cose si complicano. Ancora una volta (*Bell.* VIII 27, 4) Audoino chiede la consegna del pretendente, e stavolta dalla posizione di forza di chi ha corroborato l'esercito romano con 5.500 guerrieri; ma anche l'autocratore romano, come già in precedenza il "barbaro" Thorisino, gli oppone un diniego. Il prezioso ma ingombrante supplice resta a corte. Però Ildige, anziché appagarsi della lealtà di Giustiniano, si ritiene sottovalutato in termini di dignità ed emolumenti. Stringe allora accordo con il goto Goar e insieme evadono; dopo varie peri-

---

155. Ivi, p. 208. Si noti ancora il «re» a fronte del procopiano ἡγεῖτο.
156. In PLRE IIIA, s.v. *Ildigisal*, pp. 616ss., si tratteggia una posizione dal significato e dalla rilevanza più cerimoniale che operativa.

pezie e violenze,[157] ritornano dai medesimi Gepidi, dai quali Ildige
già era riparato e che l'avevano negato ad Audoino (VII 35, 20),
invitandolo però a rifugiarsi dove volesse. Forse il figlio di Risiulfo,
all'epoca (estate 552?), faceva affidamento su una loro volontà di
riscossa verso i Longobardi che li avevano sconfitti?

È solo a questo punto – in base al *disvelamento progressivo* cruciale per la esposizione di Procopio – che apprendiamo qualcosa che
non ci attendevamo. Abbiamo incontrato in precedenza l'umanità di
Thorisino verso Ildige, poi la sua lealtà, lodata dai legati longobardi,
quando ammise che i suoi fuggivano senza nessun inseguitore. Ora
veniamo a sapere qualcosa di più su di lui. In effetti, come dai Gepidi
si era rifugiato il longobardo Ildige, così anche un Gepido era rifugiato presso i Longobardi. E non era un Gepido qualunque. Si chiamava
Ustrigoto ed era il figlio del re Velemunto, ma il regno gli fu tolto con
la violenza mentre era giovinetto. E colui che glielo sottrasse non era
nient'altri che … Thorisino. Dunque Ustrigoto non poteva vendica-
re il torto subìto se non riparando dai Longobardi, nemici storici dei
Gepidi. Siamo di fronte a una situazione che appare speculare. Anche
Thorisino è un usurpatore: come Audoino. Il volto "tirannico" del potere non riguarda solo l'impero dei Romani e la Persia, i due "occhi
dell'ecumene", ma pervade anche il mondo "barbarico".

Dopo la vittoria di Audoino e Amalafrido,[158] è tempo di pace tra
Gepidi, Longobardi e Romani. Giuramenti solenni sanciscono una
«perpetua amicizia»,[159] ἀπέραντος φιλία, che induce nel lettore la
memoria del trattato stipulato nel 532 con la Persia.[160] Ma ecco che il

---

157. Lo studioso di storiografia bizantina si domanda se le vicende di Ildige
narrate da Procopio siano state considerate intertestualmente da Niceta Coniata per
la sua caratterizzazione letteraria di Andronico I Comneno. Per la fortuna di Procopio in età mediobizantina si veda L.R. Cresci, *Procopio al confine tra due tradizioni
storiografiche*, in «Rivista italiana di filologia classica», 129 (2001), pp. 61-77.

158. È la vittoria di "Asfeld" in cui Alboino figlio di Audoino uccide Torri-
smondo figlio di Thorisino (PLRE III B, s.v. *Turismondus*, p. 1346), per cui vedi HL
I 23 e 24. Il testo è ricco di preziose osservazioni antropologiche ed è un ulteriore
omaggio longobardo alla "lealtà" di Thorisino (vedi anche le parole dei legati longobardi in Proc. *Bell*. VIII 18, 9).

159. Procopio, *La guerra gotica*, vol. 3, p. 212.

160. In base al «pattern of resonance» di cui *supra*, n. 115 e contesto, tale
memoria reintrodotta da Procopio è di per sé corrosiva, alludendo alla pomposa
quanto inefficace ἀπέραντος εἰρήνη con la Persia, per cui vedi Proc. *Bell*. I 22,

fattore Ildige torna d'attualità. Perché a reclamarlo presso Thorisino, come primo segno della comune φιλία seguita a tante guerre, ora non è solo Audoino ma anche Giustiniano. Il comportamento di Ildige verso l'impero, in effetti, è quello di un traditore e di un nemico che si è sottratto all'imperatore. Thorisino cerca allora il consenso dei suoi «maggiorenti», con atteggiamento di lealtà alle procedure; ben sa che guadagnarsi l'ostilità congiunta di Giustiniano e di Audoino sarebbe nocivo per il suo popolo, ma consegnare il supplice sarebbe un atto esecrabile, e in quest'ultima convinzione lo corroborano i suoi consiglieri. Allora, con iniziativa individuale, chiede in scambio l'esule gepido, ripagando Audoino con la medesima moneta. A quel punto i due sovrani/tiranni sono in condizione di tragico, speculare, paradossale, reciproco e accomunante isolamento: legati da un vincolo divenuto imbarazzante per il loro stesso potere, forse «non volendo ma costretti», essi «apertamente non fecero nulla, ma ciascun di loro dolosamente uccise il nemico dell'altro».[161] Procopio tralascia di scrivere come se ne liberarono, «poiché le voci che corrono intorno a questo non sono concordi, ma molto differenti, come suole trattandosi di fatti assai nascosti»,[162] e con questa osservazione di metodo chiude esplicitamente la digressione, dimostrando controllo dello svolgimento del testo (VIII 27, 29).[163]

Si possono graduare gli ingredienti in gioco, considerare il timore di Thorisino a fronte della alleanza perenne. Resta che la morte incrociata, silenziosa e nascosta, dei due esuli legittimi e traditi, sulla quale cala bruscamente il sipario per poi riaprirsi sull'avanzata dell'esercito di Narsete, ottiene letterariamente un effetto assordante: non solo per il destino dei due personaggi in sé o in merito al cinismo del potere presso i "barbari", quanto per il fatto che con la morte

17, e *supra*, n. 104 e contesto. Ma la magniloquenza dell'enunciato è altro dalla verità dei fatti.

161. Procopio, *La guerra gotica*, vol. 3, p. 214.

162. *Ibidem*.

163. Possiamo definirla un elemento di ἀκρίβεια nella ricerca procopiana (*supra*, nn. 63ss. e contesto), in quanto la γνώμη dello storiografo non prevale sulla verità dei dati di fatto a disposizione. Da non escludere peraltro che il gesto esecrabile gli appaia "non bello per la storia" e perciò non meritevole di ulteriore approfondimento; se non per una concezione edificante della storiografia (presente piuttosto nel *De aedificiis*), almeno per un'idea della intrinseca dignità della letteratura.

dei due legittimi, uniti alla trattazione di Cosroe e di Giustiniano,[164] il *quadro del mondo e del potere* che si rivela al lettore delle *Guerre* è tanto semplice e coerente quanto agghiacciante: il mondo è governato da *usurpatori*, che non hanno il diritto di governare alcunché. Anche i "barbari" concorrono al quadro, e i Longobardi non fanno eccezione. È una immagine del potere omogenea, pur nella differenza delle enunciazioni, a quella del Giustiniano "tirannico" nelle *Storie segrete* – quasi che ogni potere, ovunque, agli occhi di Procopio, degeneri in tirannide.[165]

Questa è una delle ulteriori "conclusioni provvisorie" alle quali possiamo giungere con accettabile sicurezza, su un piano diverso ma non antitetico rispetto agli elementi di referenzialità storica testimoniati da Procopio, e così espliciti nel palesare il persistente favore imperiale verso i Longobardi nell'ambito della loro contesa con i Gepidi, destinata a giungere a soluzione solo *dopo* l'orizzonte cronologico concesso a Procopio.[166] Un favore che si esplicita non solo militarmente ma anche attraverso le nozze (promosse da Giustiniano) di Audoino con la sorella di Amalfrido, figlio legittimo del re dei Turingi, a sua volta figlio di una sorella di Teoderico *rex Italiae*, che accrescono lo status dell' "usurpatore", lo dignificano.[167]

Merita ora una sottolineatura lo snodo cruciale rappresentato dal ricevimento a corte delle ambascerie, longobarda prima e gepida poi, e non solo per l'ordine di ammissione delle delegazioni al cospetto imperiale. Si tratta di un cammeo che è stato da tempo apprezzato per la sua qualità letteraria[168] e che lungi dall'essere la mera prova di una

---

164. *Supra*, n. 116 e contesto.
165. Kaldellis, *Procopius of Caesarea*, pp. 94ss.
166. La "soluzione finale" della contesa tra Longobardi e Gepidi, con il famoso scontro tra Alboino e Cunimondo, è del 566 o 567: commento di Lidia Capo a HL I 27 (Paolo Diacono, *Storia dei Longobardi*, pp. 420ss.), e Jarnut, *Storia dei Longobardi*, pp. IX e 22. Procopio, se non mancò già appena dopo la metà del VI secolo, di certo non sopravvisse a Giustiniano († 565). Per una morte improvvisa dello storiografo intorno al 554 vedi Howard-Johnston, *The Education and Expertise of Procopius*, con radicalizzazione di ipotesi già avanzate da Cameron, *Procopius and the Sixth Century*.
167. *Supra*, n. 12.
168. «Einer später künstlich konstruierten Rede»: M. Schönfeld, *Langobardi*, in *Realencyclopädie der classischen Altertumswissenschaft*, a cura di G. Wissowa

"sofistica" capacità argomentativa dell'autore, esprime la sua pienez-
za di significato alla luce dei recenti studi sulla diplomazia bizantina[169]
e sul suo linguaggio,[170] oltre che del *Kunstwollen* procopiano nella sua
totalità: anche quelle delle ambascerie sono espressioni funzionali alla
comprensione dei fatti e della pluralità dei punti di vista interconnessi,
radicate nella trattazione classica, soprattutto tucididea.[171] Non rico-
struiremo qui dettagliatamente le argomentazioni espresse prima dai
Longobardi, poi dai Gepidi, al fine di perorare la loro causa a fronte
del sovrano romano. Osserveremo però che le belle parole e le asserzioni di virtù, lealtà e santimonia (come già le paci o le alleanze
"infinite") non si disgiungono dal tenace perseguimento di interessi
concreti: sia gli uni sia gli altri "barbari" sembrano offrire il loro ap-
poggio all'impero, ma in realtà cercano la protezione di quest'ultimo
e, quanto più possibile, il suo oro (di cui peraltro Giustiniano non è
avaro). È dunque evidente lo *scollamento tra le asserzioni e i fatti*. Poi
i discorsi degli ambasciatori sono assai ampi e argomentati, persino
capziosi e anche maliziosi. Noi vogliamo ricordare che il discorso dei
legati longobardi, oltre che tortuosamente sillogistico, è assai lungo,
eppure alla fine essi ipocritamente sottolineano la loro «semplicità
barbarica, povera di parole» (*Bell.* VII 34, 23).[172] Quando però andia-
mo a confrontare il discorso degli ambasciatori gepidi, lo troviamo
assai più snello e breve, occupa circa la metà dell'altro, senza sotto-
lineature di merito. Il lettore è implicitamente invitato a trarre le sue
conclusioni. Già sono falsati i presupposti delle enunciazioni, poi lo
svolgimento dei fatti mostrerà che Longobardi e Gepidi faranno pace
diretta, senza coinvolgere l'impero (ἀκόντων 'Ρωμαίων), sottraen-
dogli nei fatti il ruolo di arbitro della situazione che invece gli uni e
gli altri sembrano presumere e cui dicono di rifarsi con le loro ambascerie. Il senso ultimo del discorso diretto degli ambasciatori risulta
così quanto mai coerente con il già citato *threnos* per l'Occidente di
VII 33, appena precedente nell'economia del testo. Sembra questo

---

e W. Kroll, vol. XII, 1, Stuttgart 1924, col. 682; Pontani, *Introduzione* a Procopio,
Le guerre, p. XXXIX.

169. *Byzantine Diplomacy*, a cura di J. Shepard e S. Franklin, Aldershot 1992.

170. Cresci, *Diplomazia tra retorica e ideologia nella monografia storica del
XII secolo*, e Taragna, *Logoi historias*.

171. Kaldellis, *Procopius of Caesarea*, pp. 29-34.

172. Procopio, *La guerra gotica*, vol. 2, p. 419.

un ulteriore segno lasciato nelle strutture dell'opera da quella tecnica del disvelamento progressivo, della distorsione sarcastica, che prova elaborazione di scrittura ed esige attenzione di lettura perché le sfumature ne risaltino.

Esempio di questa tecnica può essere il riferimento dei legati ai «tuoi Longobardi», nella *pointe* finale del loro discorso: *dopo* la sottolineatura del vantaggio dei Romani, ma *prima* dell'accenno conclusivo (e decisivo?) alla condivisa fede che li distingue, entrambi e insieme, dai Gepidi ariani.[173] Conosciamo i Longobardi quali *cristiani* sin dalla contrapposizione contro i *pagani* Eruli; ricordiamo il loro riferimento al favore divino, sia in quella specifica guerra sia in occasione dello scontro evitato con i Gepidi a causa di un pervasivo timor panico; ora, al termine della loro lunga perorazione, la personalizzazione empatica del rapporto con Giustiniano (i «tuoi Longobardi») si combina con l'impiego del verbo ὁμογνωμονέω, tutt'altro che acconcio all'eloquio che si diceva «semplice» di quei legati, ma non improprio o casuale da parte di un autore che si riprometteva di scrivere sul dogma cristiano.[174] E l'asserzione risulta

173. In Agazia, si è detto *supra*, n. 15 e contesto, vi è simpatia per i Franchi cattolici contro i Longobardi ariani; in Procopio, come già visto da Lamma e ribadito fra gli altri da Cesa, *Etnografia e geografia nella visione storica di Procopio di Cesarea*, p. 211 e n. 53, i Longobardi sono "cattolici" .

174. *Thesaurus Procopii Caesariensis. De bellis, Historia arcana, De aedificiis*, a cura di B. Coulie e B. Kindt, Turnhout 2000, p. 312, *s.v.* Proprio in Proc. *Bell.* VII 34, 24 troviamo l'unica specificazione ἀμφὶ τῷ Θεῷ. O. Bertolini, *I papi e le missioni fino alla metà del secolo VIII*, in *La conversione al cristianesimo nell'Europa dell'alto medioevo*, Spoleto 1967 (Settimane di studio del Centro italiano di studi sull'alto medioevo, 14), vol. 1, pp. 345ss., considera il passo di Procopio, con una interpretazione tecnica e specifica del verbo ὁμογνωμονέω riferita al principio dottrinario della consustanzialità del Figlio al Padre. Il progetto del trattato procopiano sulle dispute dottrinarie cristiane è enunciato sia negli "esoterici" *Anecdota* (Proc. *Hist. arc.* 11, 33) che con la maggioranza della critica, *supra*, n. 37 e contesto, ritengo scritti intorno al 550, sia nei "divulgati" Proc. *Bella*, VIII 25, 13, posteriori al 553. Vedi anche Proc. *Hist. arc.* 1, 14, e 26, 18. Per il cristianesimo di Procopio, prima di Cameron, *Procopius and the Sixth Century*, da segnalare G. Downey, *Paganism and Christianity in Procopius*, in «Church History», 18 (1949), pp. 89-102; M.A. Elferink, Τύχη *et Dieu chez Procope de Césarée*, in «Acta Classica», 10 (1967), pp. 111-134; J. Evans, *Christianity and Paganism in Procopius of Caesarea*, in «Greek, Roman and Byzantine Studies», 12 (1971), pp. 81-100.

tanto più problematica quando si ricorda che la vulgata storiografica
sui Longobardi li presenta invece come ariani, solo progressivamen-
te conquistati al dogma "ortodosso e cattolico" sul suolo italiano
attraverso l'opera di figure come la regina Teodelinda, in accordo
con il papa romano Gregorio Magno.[175] Ma indipendentemente dalla
datità storica, a livello narrativo il riferimento dogmatico è l'asso
nella manica degli ambasciatori, "calato" alla fine del loro discorso,
con tanta efficacia (e con tanto poca «semplicità») che il loro punto
non riceve replica da parte degli ambasciatori gepidi. Nella successiva e lunga deliberazione di Giustiniano, l'elemento religioso dovette
svolgere un ruolo non secondario, come già era accaduto in altra
occasione nel suo atteggiamento verso i Franchi.[176]

Ci si domanda se questo brano, lungi dall'essere assunto *tout
court* come riferimento denotativo sul cristianesimo longobardo
dell'epoca, non debba essere relativizzato, più di quanto si è soliti
fare. Se si considera il discorso indiretto di Procopio, per esempio
quando in *Bell.* VI 14 contrappone i Longobardi agli Eruli, egli li
caratterizza semplicemente come cristiani. La comunanza di fede
ortodosso-cattolica invece egli la ascrive al discorso diretto della
diplomazia longobarda, come uno strumento politico, con un possibile riecheggiamento interno di *Bell.* V 5, 8-10, dove una medesima "comunanza dogmatica" aveva caratterizzato un accordo
tra i Romani e i Franchi. A fronte di quello che risulterà essere
il "disvelamento progressivo" delle relazioni romano-franche nel
prosieguo dei *Bella*,[177] è lecito domandarsi se ci si trovi dinanzi a
una "verità" storica o piuttosto a una *captatio benevolentiae* reto-
rico-diplomatica, funzionale a finalità politiche,[178] con un latente
elemento di *Kaiserkritik*.

---

175. Delogu, *Il regno longobardo*, pp. 40ss.
176. Proc. *Bell.* V 5, 8-10, e Cesa, *Etnografia e geografia nella visione storica
di Procopio di Cesarea*, pp. 210ss.
177. *Infra*, nn. 203ss. e contesto.
178. Una siffatta lettura, dove cerco di precisare una secondo me preziosa
impressione di lettura di Bertolini, *I papi e le missioni fino alla metà del secolo
VIII*, p. 346 (con dubbi «sull'attendibilità di Procopio nel riferire queste parole, o
sulla sincerità degli ambasciatori longobardi nel pronunciarle»), mi pare conciliabi-
le con le posizioni di S. Fanning, *Lombard Arianism Reconsidered*, in «Speculum»,
56 (1981), pp. 241-258, circa il sostanziale indifferentismo dottrinario delle élites

Del resto, alla luce di *Bell.* VII 33, che appena precede il resoconto dell'ambasceria, i Longobardi così cari a Giustiniano, i "suoi" Longobardi, sono nel novero dei barbari signori dell'Occidente che compiono scempi in Dalmazia e nell'Illirico a scapito dei cittadini romani. La vessazione del cittadino, lo scadimento del ruolo di cittadino, soprattutto nelle province dell'impero, è uno dei temi ricorrenti di tutta l'opera di Procopio; anche i Longobardi, con le loro caratteristiche e pur nei limiti della loro presenza "discreta" nel tessuto dell'opera, concorrono a questo disegno che è mosso in parte da cause interne (innovazioni di Giustiniano, arbitri fiscali e giuridici da parte dei magistrati) in parte invece esterne. Anche questo ci aiuta a cogliere un ulteriore senso dei *Bella*: non solo implacabile registro dei fatti nel senso della imparziale verità, ma anche *diario* o *taccuino* che annota la differenza tra le intenzioni e le azioni, colte queste ultime nei processi profondi del loro farsi, nella loro dinamica di avvenimento. Le dichiarazioni di principio e le ambascerie (inclusa quella longobarda) rendono in tal modo l'opera qualcosa di più e di diverso rispetto al resoconto o alla "trattazione" relativa allo *svolgimento* delle guerre combattute sullo scenario delle frontiere con l'esplicito linguaggio delle armi. Il testo, in quanto osserva il Palazzo e le enunciazioni di principio che esso ospita, diventa anche cassa di risonanza, camera di decantazione che ricerca ed infine esprime il *senso* delle narrazioni sulle guerre, dove la retorica diplomatica diventa arma più occulta ma non meno pericolosa delle armi vere. Una sorta di *mise en abîme* che meriterebbe analisi più distese.

Di questo statuto "plurale" dei Longobardi – alleato vincente e affidabile in guerra, ancorché a pagamento; correligionario, almeno a parole, ma indisciplinato e violento, al punto da vessare i cittadini dell'impero ed eroderne le frontiere; barbarico, ma sottile, al limite dell'ipocrisia - dà prova l'ultimo atto del libro VIII.
Ritorniamo ancora all'esercito di Narsete cui Giustiniano ha affidato in *Bell.* VIII 21, 5ss. l'esercito contro i Goti, nell'intento di una risoluzione definitiva della questione (intento però esplicitato solo a VIII 24, 5ss. e VIII 26, 7 ss.). L'esercito, munito dei numeri

longobarde ancora volte a conseguire meri vantaggi tattici. Alle pp. 246-251 lo studioso considera la posizione di Procopio.

e mezzi che Narsete ha richiesto e che invece Belisario *mai* ebbe a disposizione,[179] è ormai schierato, pronto per la battaglia di Tagina. Narsete ha già tenuto la sua breve ma incisiva allocuzione ai soldati, con espresso riferimento a un favore divino (VIII 30, 1.2.5) che non dipende tanto dalla "eresia ariana" dei Goti quanto dalla legittimità intrinseca e quindi provvidenziale dell'impero romano.[180] A queste parole risponde idealmente la simmetrica allocuzione di Totila, che mette in dubbio la lealtà romana dei Longobardi e degli altri "barbari" prezzolati, fra i quali gli Unni e gli Eruli (VIII 30, 18). Quasi avesse udito le parole del suo avversario, Narsete rivela tutta la sua sottigliezza (in lui la fede non comporta rinuncia alla ragione) in *Bell.* VIII 31, 5: «Nel centro Narsete collocò i Longobardi, gli Eruli e tutti gli altri barbari e li fece tutti scender da cavallo e stare a piedi, affinché non avvenisse che, impauriti nella pugna, o perfidamente negligenti, avessero troppa facilità di fuggire».[181]

L'esito della battaglia è tale che lo storiografo critico dell'età giustinianea non trattiene, a fronte della vittoria imperiale, un moto di soddisfazione "patriottica",[182] che pervade uno dei rarissimi squarci positivi del libro VIII (VIII 32, 11): «E qui non so se io debba più che altri ammirare taluni romani o taluni dei barbari loro alleati; poiché eguale in tutti era l'alacrità e lo zelo valoroso».[183] La spiegazione "razionalistica" di Procopio del successo romano si pone però in parziale antitesi a Narsete. Gli accenti di fideismo divino da quest'ultimo espressi in VIII 30, 1.2.5 ritornano sulle sue labbra anche dopo l'esito favorevole della battaglia, in VIII 33, 1, per cui

179. Fra i tratti specifici del libro VIII dei *Bella* è la pressoché totale scomparsa di Belisario dallo scenario dell'azione. Per l'unica menzione di qualche rilievo, puramente onorifica peraltro, vedi Proc. *Bell.* VIII 21, 1-3.

180. Sulla caratterizzazione sostanzialmente adiafora dell'elemento teologico-dottrinario nelle questioni belliche, agli occhi del «*Realpolitiker* Procopio», vedi Cesa, *Etnografia e geografia nella visione storica di Procopio di Cesarea*, pp. 210ss.

181. Procopio, *La guerra gotica*, vol. 3, p. 232.

182. Tema ben noto alla critica, sin da F. Dahn, *Procopius von Caesarea. Ein Beitrag zur Historiographie der Völkerwanderung und des sinkenden Römertums*, Berlin 1865, pp. 108ss.; ma si veda anche Cameron, *Procopius and the Sixth Century*, p. 7 e *passim*.

183. Procopio, *La guerra gotica*, vol. 3, p. 238.

Narsete «non cessava di tutto riferire a Dio, come infatti era vero».[184] Ma questo inciso procopiano va collegato con un passo immediatamente antecedente, e funzionale alla sua tecnica narrativa, ovvero la scena della morte di Totila, che è tutta nel segno della *Tyche* (VIII 32, 29).[185] E la identificazione tra *Tyche* e Dio, nel senso che il secondo è il nome dato dal volgo alla prima, era stata espressa dall'autore poco prima, in *Bell.* VIII 12, 34-35.[186] *Tout se tient*, con effetti acidi di sarcasmo corrosivo a fronte di vicende tragiche: uno dei *Leitmotive* letterari del libro VIII dei *Bella*.[187] Resta il fatto che in battaglia i Longobardi vincono, o comunque che con i Longobardi *si vince*. E che una teodicea esplicitata o implicita è inscindibile da quelle vittorie. Anche questo sembra un *Leitmotiv*.

Dopo la battaglia, dove si mostrano, come sempre, tanto valorosi, i Longobardi non sanno contenersi, proprio come già era accaduto dopo che erano stati stanziati per munificenza imperiale nell'Illirico (*Bell.* VII 33, 10ss.). La loro santimonia timorata di Dio, vantata nelle estese circonvoluzioni verbali dei loro ambasciatori che invece affettavano "semplicità", contrasta, ancora, con il loro comportamento. La prima urgenza di Narsete vittorioso e devoto è dunque di sbarazzarsi dei Longobardi, della loro ἀτοπία. Con l'aiuto del *Thesaurus* procopiano, che registra le occorrenze del termine nel corpus dello storico di Cesarea,[188] può ben precisarsi che il termine non va inteso diminutivamente come una «brutta licenza»,[189] ma come una

184. Ivi, p. 245.
185. Alcuni elementi di vocabolario verranno ripresi, con effetti sorprendenti di riecheggiamento allusivo, in merito alla Santa Sofia (Proc. *Aed.* I 1, 27).
186. Kaldellis, *Procopius of Caesarea*, cap. 5 («God and *Tyche* in the *Wars*»), pp. 165-221, con ampia ripresa di temi trattati anche in Downey, *Paganism and Christianity in Procopius*; Elferink, Τύχη *et Dieu chez Procope de Césarée*; Evans, *Christianity and Paganism in Procopius of Caesarea*.
187. Si pensi alla descrizione del riso sardonico in VIII 24, 38 o al ridere sarcastico di Narsete in VIII 28, 4. Il riso come elemento psicologico caratteristico di altri protagonisti dell'opera procopiana viene considerato in Kaldellis, *Procopius of Caesarea*, p. 193.
188. Nel *Thesaurus Procopii Caesariensis*, p. 77, si trovano quattordici occorrenze di ἀτοπία e nove di ἄτοπος.
189. Procopio, *La guerra gotica*, vol. 3, p. 245. «Deprecabile comportamento» rende Craveri in Procopio, *Le guerre*, p. 756; «indignam licentiam» nella traduzione del Maltret in *Procopius*, a cura di G. Dindorf, 3 voll., Bonn 1833-1838,

più grave trasgressione, con risonanze particolarmente significative quando la si riferisca ai Longobardi: non altro che ἀτοπία, difatti, era ciò che proprio gli ambasciatori longobardi avevano rimproverato ai Gepidi in due passi della loro allocuzione dinanzi all'imperatore (VII 34, 6.16), combinando il termine con παρανομία e con ὕβρις. Ancor più eloquente il confronto con *Bell.* VIII 27, 27 dove viene definita ἀτοπία la proposta di consegna incrociata dei supplici pretendenti al reciproco potere, avanzata dal gepido Thorisino al longobardo Audoino, e che Procopio aveva connotato come colpevole tradimento e persino μίασμα a VIII 27, 28 (Audoino, lo sappiamo, accetterà). A parte ogni altra παρανομία – trasgressione – della δίαιτα longobarda, che Procopio enuncia ma non descrive,[190] lo storiografo di Cesarea si concentra su due elementi: l'incendio degli edifici e la violenza alle donne che avevano cercato rifugio nei templi. Sono questi elementi tipici non solo dell'indole "barbarica" o della sfera militare[191] ma anche della στάσις violenta nei confronti dell'autorità imperiale, quale che essa sia. Quanto all'incendio degli edifici, Procopio utilizza il verbo ἐμπίμπρημι, che è il medesimo di *Aed.* I 1, 21, 1 quando Procopio dà solenne inizio al resoconto della rivolta del *Nika* da parte delle "fazioni", e oggetto del verbo è niente meno che la Santa Sofia costantinopolitana. Quanto alle violenze sessuali, esse pure rientrano nel comportamento delle fazioni caratterizzato in *Hist. arc.* 7 (fatti riferiti al favore mostrato da Giustiniano alla fazione "azzurra" prima della sua ascesa al trono). Questa appare una smentita solenne e concreta dell'elogio della fede comune pronunciato dagli ambasciatori longobardi, il comportamento corrisponde non solo agli altri barbari violenti verso le donne ma anche alle fazioni, portatrici di una contestazione "barbarica",

vol. 2, p. 627; «outrageous behaviour» rende il Dewing (Procopio di Cesarea, *History of the Wars*, a cura di H.B. Dewing, 5 voll., London-Cambridge 1914-1928, vol. 5, p. 389).

190. Sembra essere l'unica occorrenza del termine tecnico δίαιτα (Cesa, *Etnografia e geografia nella visione storica di Procopio di Cesarea*, p. 202) nel corpus procopiano, ma si lega a una reticenza, forse di qualche elemento ritenuto "non bello per la storia"? *Supra*, n. 163 e contesto.

191. Al tema del mantenimento della disciplina nell'esercito romano – il più "barbarico" di tutti per composizione – rimanda Pohl, *Justinian and the Barbarian Kingdoms*, p. 453, nel suo commento all'episodio.

definita come «unna» (*Hist. arc.* 7, 10) nella capitale tempio della civiltà. Avvertiamo qui il disdegno dell'intellettuale verso la massa, mentre Narsete fa riaccompagnare i Longobardi «alla patria lor sede», fuori «dal suolo romano».[192] Procopio non espone in dettaglio la relativa localizzazione, perché ritiene che il lettore possa estrapolarla da sé,[193] insiste invece sui nuovi donativi in danaro che saranno sottolineati, in riferimento all'alleanza contro i Goti, anche da Paolo Diacono, secoli dopo.[194] Sicché in *Bell.* VIII 33, 1-2 l'avventura dei Longobardi di Procopio giunge a conclusione, nel segno dinamico di una popolazione *on the road* e anche *on the move*, legata a contese belliche e vincente in battaglia, che li ha sempre caratterizzati.

Così *exeunt Langobardi: exeunt Italiā simul ac de libro Procopii.*

Negli ultimi sussulti della guerra, più precisamente nel "finalino" rappresentato dall'ultimo episodio di guerra, quando gli irriducibili Goti sono comandati da Teia (anno 553, *Bell.* VIII 33-35), i Longobardi non sono già più presenti. Forse hanno raggiunto le loro *farae* transalpine e in dimore di legno raccontano qualche ultimo barbaglio d'oro e di marmo intravisto con stupefazione in quel mondo tardoantico di cui Procopio lamenta invece il pervasivo decadimento;[195] forse cominciano a far nascere quel *desiderio di Italia* decisivo per l'invasione del 568. Certo può sembrare un'ironia della storia che l'*uscita* dei Longobardi dallo scenario italiano, quale la tratteggia Procopio in relazione ai fatti del 552, avvenga per opera di quel medesimo Narsete che in HL II 5 è invece la causa del loro *ingresso* in Italia nel 568.

192. Procopio, *La guerra gotica*, vol. 3, pp. 245ss.
193. Alla luce del perno concettuale costituito da Proc. *Bell.* VII 33, per cui i "barbari" sono i padroni dell'Occidente, la vittoria contro Totila non implica la riconquista dell'Occidente contro i barbari cui (Proc. *Bell.* I 1, 1) «Giustiniano mosse guerra». I Longobardi saranno tornati oltre le Alpi nella loro Pannonia (Proc. *Bell.* VII 33, 10, e HL II 1. 5.7: «sedes proprias, hoc est Pannoniam»).
194. Vd. HL II 1. Nella discussione alla relazione Dujčev, *Bizantini e Longobardi*, pp. 106ss., Raffaello Morghen sollevava il problema delle fonti greche di Paolo Diacono (Procopio incluso).
195. La seduzione esercitata dall'urbanesimo italiano tardoantico sul mondo germanico longobardo è resa con maestria letteraria da Jorge Luis Borges nel suo racconto *Storia del guerriero e della prigioniera* – nella silloge dell'*Aleph*, apparsa nel 1949: J.L. Borges, *L'aleph*, Milano 2009, pp. 46-51.

All'immagine "plurale" dei Longobardi in Procopio, difficile da ricondursi a un cliché,[196] può corrispondere il fatto che *al plurale*, nel corpus procopiano, si trovino anche le occorrenze che li riguardano. In una sola delle oltre 60 presenze di Λαγγοβάρδης documentate dal *Thesaurus Procopii Caesariensis* si incontra il termine al singolare (VII 35, 12): accade per la presentazione di un Λαγγοβάρδης ἀνήρ dapprima innominato ma che poi nella procopiana tecnica di disvelamento progressivo tesa a catturare l'attenzione del lettore si rivelerà essere Ildige, un personaggio significativo, come si è visto. In tutti gli altri casi i Longobardi si presentano come un gruppo unitario, un blocco, anche più di quanto non accada per altre popolazioni. Emergono però alcuni abbozzi di differenziazione. Essi non riguardano la sfera sessuata, perché i Longobardi considerati da Procopio sono tutti maschi (non così per esempio per gli Eruli di *Bell.* VI 14, dove scorgiamo attenzione per i destini delle vedove; tanto meno per i Britti di VIII 20, con la mirabile storia della sposa brittia) e neanche quella legata al potere, che Procopio esprime con ἄρχω ed ἡγέομαι: in ambito longobardo non troviamo un esplicito riferimento ai quei «maggiorenti» che invece fra i Gepidi vengono chiamati da Thorisino a deliberare circa la sorte di Ildige (*Bell.* VIII 27, 23-24), e che suggeriscono miti e umani consigli; a meno che non si debba scorgere un "consiglio del re" nello sparuto seguito di Audoino in occasione del terror panico di *Bell.* VIII 18, 7. Sono invece presenti in più passi le ambascerie longobarde. Ma è l'elemento militare a risultare predominante. Nella descrizione della disposizione bellica impartita in Tagina da Narsete a Longobardi, Eruli e altri barbari (VIII 32, 5) vediamo che il contingente longobardo *smonta da cavallo* (prima non era esplicito che si trattasse di cavalieri), mentre la chiara distinzione tra i 2.500 longobardi atti al combattimento e gli altri 3.000, addetti al loro servizio, potrebbe forse rispecchiare quella longobarda tra arimanni e servi.[197] Singole figure di capi – tutte dal comportamento non specchiato – si stagliano ri-

196. Vedi al proposito Cesa, *Etnografia e geografia nella visione storica di Procopio di Cesarea*, pp. 202ss., e R. Benedicty, *Die Milieu-Theorie bei Prokop von Kaisareia*, in «Byzantinische Zeitschrift», 55 (1962), pp. 1-10.
197. Sul passaggio dalla situazione nomadica alla stanzialità come elemento foriero di differenziazioni sociali, a partire dall'esercito (come sembra implicare il passo procopiano sui cinquemilacinquecento guerrieri longobardi), vedi P. Camma-

spetto alla massa: di Vacone non è detta l'ascesa violenta al potere ma è narrata l'emarginazione del legittimo nipote Risiulfo a fronte del figlio Valdaro, di Audoino è tratteggiata sinteticamente l'ascesa spregiudicata e infine da usurpatore al potere, laddove nei confronti di Ildige, il "pretendente" legittimo costretto invece a vivere in esilio e ai margini, il rispetto politico non nasconde freddezza verso un comportamento impulsivo e volatile, che sembra incarnare il cliché della inaffidabilità barbarica.[198]

Il comportamento di Vacone verso l'impero si risolve in una formula, φίλος καὶ ξύμμαχος, quello di Audoino presenta caratteristiche più articolate. Sempre vincente in guerra, tenace nella sua insistenza sul pretendente, che richiede per tre volte (a Thorisino, a Giustiniano, ancora a Thorisino, in *Bell.* VII 35, 20, e VIII 27, 4. 22), astuto e persino cinico nel risolvere la questione (VIII 27, 26-29), leale sul fronte dei *militaria*, audace anche, al punto di "rimproverare" (ἐμέμφετο) – con una qualche παρρησία indiretta – Giustiniano per la asimmetrica interpretazione del mutuo soccorso in battaglia (VIII 25, 15). Questo messaggio degli ambasciatori di Audoino costituisce anche una indiretta *Kaiserkritik*;[199] non è un esempio isolato, poiché nelle *Guerre* Giustiniano ha da sopportare non solo espressioni di biasimo, ma anche intemperanze verbali, e disobbedienze fattuali, da parte di parecchi,[200] cui fanno riscontro ora il suo silenzio (nei *Bella* non si legge un solo discorso diretto di Giustiniano),[201] ora moti d'ira, quasi sempre placati. Si direbbe però che a Procopio in-

rosano, *Tradizione, storiografia e storia dei Longobardi: un cenno introduttivo,* in *Langobardia,* p. XII.

198. Cesa, *Etnografia e geografia nella visione storica di Procopio di Cesarea,* pp. 21ss., in merito alla "contestualizzazione" procopiana della percepita ἀπιστία barbarica, con riferimenti mai generici ma sempre specifici (che mai vengono a riguardare il popolo longobardo).

199. Legame tra politica giustinianea verso i Longobardi e *Kaiserkritik* procopiana è tratto distintivo dell'interpretazione, oltre che di Lamma, di Pohl: *infra,* nn. 211ss. e contesto.

200. Nell'VIII libro dei *Bella,* si pensi alla importante vittoria dei Romani ad Ancona (VIII 23), ottenuta da Valeriano e da Giovanni andando – soprattutto da parte di quest'ultimo – *contro* la volontà imperiale (esplicito al proposito Proc. *Bell.* VIII 23, 7).

201. Kaldellis, *Procopius of Caesarea,* p. 48. In *Aed.* I 1, 71 l'unico "parlato" di Giustiniano nel corpus di Procopio. Vd. *supra,* n. 39 e contesto.

teressi più sottolineare l'esistenza di effettive intemperanze che non la pazienza o la magnanimità dimostrate dall'imperatore.[202]

Dalla prima aristia bellica germanica (*Bell.* VI 14, 18ss.) alla vittoria τῷ Θεῷ ἱλέῳ (VIII 30, 1) di Gualdo Tadino narrata in VIII 31-32, i Longobardi vincono in battaglia; e vincono avversari ora pagani come gli Eruli, ora cristiani di fede ariana come i Gepidi e Goti. Ma non abbiamo ancora esaurito il ventaglio delle popolazioni con le quali i Longobardi sono entrati in contatto, positivo o meno. Restano difatti da considerare – e sono quanto mai significativi, in prospettiva non solo procopiana, ma decisamente storica e storio-grafica oltreché (la tradizione italiana ben lo sa) letteraria – restano difatti da considerare i Franchi, che Procopio (*Bell.* III 3, 1) definisce anche Germani.[203] Quando Narsete, nel 552, scende dall'Illirico in Italia con il suo grande esercito in cui schiera 5.500 Longobardi, trova ostacoli nell'attraversamento della *Venetia*, che già dal grande *threnos* per l'Occidente alla fine di *Bell.* VII 33 sappiamo essere passata sotto controllo franco (VII 33, 7);[204] l'ostacolo si deve al fatto che nell'armata dell'irridente e vincente eunuco sono presenti i Longobardi, di cui i Franchi si dichiarano acerrimi nemici. Il passo è a VIII 26, 19; Narsete eviterà il contrasto costeggiando l'Adriatico, con uno stratagemma suggerito da Giovanni nipote di Vitaliano,[205] ma la soluzione contingente del problema non risolve quella che potremmo definire la controversia franca. Perché, a poche pagine or-mai dalla fine del capolavoro procopiano, poco prima che si svolga l'ultima battaglia contro i Goti superstiti comandati da Teia, leggia-mo della disperata richiesta di soccorso del leader goto ai Franchi, corroborata da «molto danaro».[206] Ma, osserva lucidamente Proco-pio in VIII 34, 18, «i Franchi però, non badando, come io credo, che

---

202. Nell'abile costruzione proemiastica del *De aedificiis*, la ripetuta insisten-za sulla magnanimità imperiale verso i congiurati è anche una iterata sottolineatura del fatto che congiure vi furono: Proc. *Aed.* I 1, 10.16.
203. Per la caratterizzazione negativa dei Franchi nei *Bella*, vedi Cesa, *Etno-grafia e geografia nella visione storica di Procopio di Cesarea*, p. 200 e n. 31.
204. Per la progressiva penetrazione franca in Italia e nelle Venezie vedi an-che Proc. *Bell.* VIII 24, 4.6.
205. PLRE IIIA, s.v. *Ioannes* 46, pp. 652-661.
206. Procopio, *La guerra gotica*, vol. 3, p. 256.

alla propria utilità, non ebber voglia di morire né pel bene dei Goti, né per quello dei Romani, ma piuttosto intendevano a far loro propria l'Italia e quindi incontrare da soli i perigli della guerra».[207]

Ci si può domandare se non sia anche per la consapevolezza di questa "spada di Damocle" incombente sulla penisola che nella scena finale dei *Bella* – deliberazione nell'alto comando romano – il nipote di Vitaliano, quel Giovanni cui tocca l'onore dell'ultimo e breve discorso diretto dell'opera, osserva che «ai prudenti basta il vincere; il volere stravincere potrebbe volgersi in danno».[208] Oggetto immediato della deliberazione è la richiesta di una pacifica ritirata da parte degli ultimi Goti, ma il senso pieno del discorso si coglie solo sullo sfondo della minaccia franca, che si percepisce pronta a scattare a fronte di una nuova bellicosità in Italia e di un successivo possibile indebolimento goto e romano. Il tutto si inserisce su una caratterizzazione dei Franchi che risulta, ancora una volta, dinamica e progressiva:

- alla loro prima occorrenza (*Bell.* V 5, 8-10) sono presentati come accomunati all'impero non solo dalla fede ortodossa, la δόξα ὀρθή, ma anche dall'avversione nei confronti dei Goti;
- si schierano come alleati dell'impero (V 11, 17ss.);
- poi comincia la loro politica di alleanze sempre più incerte e fluttuanti, per cui entrano in trattativa anche con i Goti di Teodato e di Vitige, ciò che consente loro una grande espansione territoriale (V 13, 14.19.26ss.);
- dall'iniziale comunanza di dottrina cristiana si profila una immagine distinta, nel segno della perfidia e della malafede (δολερόν, ἄπιστον, *Bell.* VI 22, 10);
- si passa quindi a episodi che testimoniano la loro ferocia selvaggia – documentata anche dalla persistenza dei sacrifici umani – nonostante l'avvenuta conversione (*Bell.* VI 25, 9-10);
- nel lamento funebre per l'impero in Occidente di *Bell.* VII 33 proprio loro, che erano apparsi inizialmente così vicini ai Romani, ora si pongono come "antimodelli" competitivi in termini antropologico-culturali (VII 33, 4-6);

207. Ivi. Per la resa di οἶμαι «credo», vedi poco *infra*.
208. Ivi, pp. 266ss.

- concludono spregiudicati accordi diplomatici sia con i Romani sia con i Goti, essendosi impadroniti di gran parte dell'Italia, VIII 24, 4ss.;

- giungono infine all'esplicita enunciazione di ostilità verso i Longobardi e di non collaborazione con i Romani che porta alla conclusione di VIII 34, 18, espressa nel senso di una lucida e disincantata γνώμη storiografica, con un οἶμαι che per essere prudente («ritengo», «a mio avviso», più che «credo» come invece nella resa del Comparetti) non è meno incisivo.

Alla luce del rimpatrio longobardo espresso in VIII 33, 2-3 e della persistente minaccia franca (acerrimi nemici) sull'Italia espressa in VIII 34, 18, è facile dedurre che non era certo *Langobardicus* il *metus* nutrito dalle élites imperiali per il futuro dell'Italia intorno al 553-554, quando cominciò a circolare l'VIII e conclusivo libro dei *Bella*. I Longobardi di Procopio mancano di quel cinismo politico e di quella capacità culturale. Sarà stato piuttosto *metus Francicus* o anche *Germanicus*. All'epoca forse gli allibratori costantinopolitani attivi nelle «piccole bettole» dove, secoli dopo, William Butler Yeats sognava di recarsi «se solo avesse potuto passare un mese nell'Antichità»,[209] avrebbero accettato scommesse su quest'ultimi, non sui sudditi di Audoino. È con la minaccia franca (ottenuta con una sapiente prova letteraria di "disvelamento progressivo") e non longobarda che il sipario dei *Bella* cala sull'Italia.[210]

Procopio evidenzia dunque l'interconnessione delle vicende etniche longobarde con quelle dell'impero e di tutti gli altri popoli barbarici, in reazioni a catena[211] rischiose per la stessa sopravvivenza dell'impero nell'Occidente che l'autore avverte remoto dai suoi interessi vitali; tratteggia la sostanziale irrilevanza dell'opzione dogmatica, cattolica o piuttosto filoariana, nel quadro sia di un sostanziale cinismo della politica sia di una generale "delegittimazio-

209. W.B. Yeats, *A Vision*, London 1962, p. 279.
210. Per la mutata immagine storiografico-letteraria dei Franchi "cattolici" e dei Longobardi "ariani" dopo il 568-9 della calata di Alboino, *supra* le posizioni di Lamma (nn. 14ss. e contesto) e Dujčev (nn. 19ss. e contesto). In Cameron, *Agathias on the Early Merovingians*, pp. 137ss., riferimento al rapporto tra ammirazione per Procopio e simpatia per i Franchi in Agazia.
211. Lamma, *Sulla fortuna dei Longobardi nella storiografia bizantina*, p. 216, n. 1 («possibilità di ripercussioni rapidissime ed inopinate»).

ne" dei regnanti, nelle popolazioni barbariche[212] come nelle *politeiai* storiche, romana e persiana; disegna la percezione dinamica del loro moto, dalle frontiere al centro e ritorno, e sottolinea la loro vigoria bellica, in accordo con elementi numinosi e religiosi cari alle élites ma largamente disattesi nella pratica quotidiana. Per precisare ulteriormente, potremmo aggiungere che a noi sembra potersi individuare un elemento ricorrente *a livello narrativo*, che può contribuire a precisare l'immagine dei Longobardi in Procopio:

> Nei *Bella* i Longobardi non sono forze motrici dell'azione, vengono introdotti non *per se* ma in contesti sempre relativi ad altre popolazioni.

I Longobardi costituiscono dunque un corollario, una parentesi e anche una precisazione dell'azione; nel libro VI, essa è innescata dall'adesione degli Eruli al fronte antigotico organizzato da Costantinopoli, che ne chiama in causa l'identità e la storia; nel libro VII, dalle manovre della diplomazia gota, o dalle aspirazioni territoriali dei Gepidi; nel libro VIII, anche dalle ambizioni franche sull'Italia; non sono mai un motore che la attiva autonomamente, una ἀρχή, come invece gli Eruli e i Gepidi, i Goti e i Franchi.

Se la critica storiografica non è stata molto sensibile all'elemento dinamico e letterario – più che astrattamente "valutativo" – dell'immagine dei Longobardi in Procopio, all'attenzione procopiana per la localizzazione e per la storia militare hanno invece corrisposto nel tempo orientamenti critici che hanno puntualmente verificato e pazientemente incrociato i dati dei *Bella* con gli altri elementi a noi disponibili nella pluralità delle fonti, dalla storiografia all'archeologia.[213] L'attenzione procopiana per la capacità diplomatica longobarda è stata evidenziata da studi di diplomazia internazionale tardoantica,[214] e anche il tema religioso è stato og-

---

212. Al proposito fanno eccezione i Franchi.
213. Vedi per esempio Melucco Vaccaro, *I Longobardi in Italia*; Jarnut, *I Longobardi nell'epoca precedente all'occupazione dell'Italia*; Id., *Storia dei Longobardi*. Nel fitto studio di H. Ditten, *Zu Prokops Nachrichten über die deutschen Stämme*, in «Byzantinoslavica», 36 (1975), pp. 1-24, e 37 (1976), pp. 184-191, i Longobardi di Procopio sono ignorati.
214. Wozniak, *Byzantine Diplomacy and the Lombard-Gepidic Wars*.

getto di indagine, specie per quanto attiene alla corretta interpretazione del "cristianesimo longobardo",[215] cui mancava una connotazione divina del potere regio; una gestione politica e anche opportunistica risultava facilmente accettabile, e così, anche alla luce del comportamento seguíto ai fatti italiani del 552, può rinvigorirsi la tesi storiografica che ipotizza un orientamento ancora sostanzialmente pagano della massa della popolazione, a fronte di atteggiamenti più sfumati e anche oscillanti delle élites cristiane, aperte all'opzione dogmatica che si presentava più vantaggiosa e più facile a perseguirsi.

Esempi significativi di considerazione della fonte procopiana, accettata non meno nella sua letterarietà che nella sua referenzialità e datità storica, all'interno di studi dedicati alla *dinamica* della trasformazione del mondo antico, ha dato Walter Pohl,[216] per esempio considerando i modi della rappresentazione dei Longobardi in Procopio e in Gregorio Magno rispettivamente.[217] Pohl sottolinea per un verso la lateralità dei Longobardi nel complesso del discorso di Procopio, per altro verso considera la funzionalizzazione del tema longobardo (non diverso da quello relativo ad altri "barbari") a una *Kaiserkritik* di intento antigiustinianeo. Ne deriva che i barbari sono sì incoerenti, ma che incoerente è anche la politica dell'imperatore.[218] E un'ombra

---

215. Fanning, *Lombard Arianism Reconsidered*, che sottolinea le opzioni religiose vissute in chiave "tattica" dalle élites. Vedi anche Jarnut, *I Longobardi nell'epoca precedente all'occupazione dell'Italia*, p. 30 («probabilmente parte degli strati superiori longobardi si convertirono al cattolicesimo per ragioni politiche, insieme al loro re Audoino, intorno alla metà del quarto decennio del VI secolo, quando i Longobardi divennero federati dei Bizantini»). In Bertolini, *I papi e le missioni fino alla metà del secolo VIII*, p. 347, la considerazione della precoce esistenza di «convertiti tra i conquistatori» longobardi lega la questione ariano/cattolica alla composizione dello scisma dei Tre Capitoli.

216. *Supra*, n. 17 e contesto.

217. Per un ulteriore confronto tra Procopio e un'altra grande voce occidentale del VI secolo su un medesimo tema dato (nello specifico, la grande epidemia di peste bubbonica che colpì lo stesso Giustiniano), si veda M. Meier, *Von Prokop zu Gregor von Tours. Kultur- und mentalitätengeschichtlich relevante Folgen der 'Pest' im 6. Jahrhundert*, in *Gesundheit-Krankheit. Kulturtransfer medizinischen Wissens von der Spätantike bis in die frühe Neuzeit*, a cura di F. Steger e K. Jankrift, Köln -Weimar-Wien 2004, pp. 19-40.

218. Pohl, *The Empire and the Lombards*, p. 75.

di incoerenza e di inaccuratezza cala sullo stesso Procopio, nonostante la sua professione di ἀκρίβεια.[219] Al proposito Pohl segnala due campi particolarmente significativi:

- *incoerenza o imprecisione terminologica*, in particolare modo in riferimento ai trattati e alle modalità di impegno che regolavano la politica internazionale.[220] Si potrebbe osservare al proposito che una incoerenza, per non dire una "debolezza" del vocabolario tecnico è caratteristica della produzione procopiana, e ciò vale anche in altri campi, per esempio nella terminologia architettonica espressa dal *De aedificiis*,[221] giacché l'autore antepone un compiuto effetto espressivo, in termini letterari, al rigore del vocabolario tecnico;

- *incoerenza o inaffidabilità cronologica*, finalizzata all'esigenza procopiana della *Kaiserkritik* – ciò che inficia il quadro presentato da Procopio non solo come «veritiero» (*Bell.* I 1, 4) ma anche come «accurato». O forse, più che di una inaffidabilità, si dovrà sottolineare, ancora, la subordinazione della cronologia alla necessità espressiva,[222] tema peraltro tipico della prassi storiografica classicistica *hochliterarisch* seguita da Procopio, che connota la sua immagine "discreta" dei Longobardi[223] e che vale per tanta parte della tradizione tardoantica e poi bizantina. Forse quello che posteriormente a Procopio è il maggiore fra gli storiografi in lingua greca, ovvero Niceta Coniata, è colui che più di ogni altro esaspera questa

219. *Supra*, nn. 63ss. e contesto.

220. Pohl, *The Empire and the Lombards*, pp. 78, 87, 95 n. 76 (qui per una vaghezza del vocabolario tecnico militare).

221. Errori e imprecisioni dell'opera sono segnalati da D. Roques, *Les Constructions de Justinian de Procope de Césarée*, in «Antiquité Tardive», 8 (2000), pp. 31-43, che pure ne sottolinea la qualità «extraordinaire» (pp. 31ss.). Si vedano anche Pontani, *Introduzione* a Procopio, *Le guerre*, p. XIV («si direbbe che l'autore del libro *Sugli edifici* s'esalti sempre che s'imbatta in strade, ponti, costruzioni eseguite a regola d'arte»), e Howard-Johnston *The Education and Expertise of Procopius*.

222. Pohl, *The Empire and the Lombards*, p. 85. La subordinazione della cronologia alla necessità letteraria, come già detto, è *Leitmotiv* ermeneutico di Kaldellis, *Procopius of Caesarea*, in specie p. 33 («the point of highest relevance, not in chronological order» ... «strategy of delayed information»), con riferimento all'impianto "intertestuale" del classicismo procopiano.

223. *Supra*, n. 59 e contesto.

caratteristica,[224] che peraltro nulla toglie al suo valore letterario e informativo. *Chronologia ancilla historiae.*

La considerazione dell'immagine dei Longobardi in Procopio non dirime certo la recente *querelle* relativa all'interpretazione di Procopio che ha contrapposto la nuova e vibrante monografia di Anthony Kaldellis[225] al ventennale saggio di Averil Cameron.[226] Per la seconda, Procopio era soprattutto un notevole *reporter*, da apprezzare per la sua volonterosa e tenace curiosità e per la sua passione narrativa; ma non un grande storiografo, per la mancanza di una teoria organica e originale della storia.[227] In ultima analisi, un prodotto organicamente atteso della sua epoca.[228] Per Kaldellis, nutrito di teoria straussiana della politica, quello testimoniato dalla Cameron sarebbe un modo neo-positivistico di avvicinarsi a Procopio, in cui egli scorge un intellettuale coraggioso (vetta del VI secolo e punta di diamante della *Kaiserkritik* in tutto il millennio bizantino) con una sua specifica teoria storica e politica, e che per soprammercato è un grande scrittore. Ma forse si tratta meno di una contrapposizione interpretativa che del reiterarsi di una regola storiografica, per cui spesso lo sguardo si affina proprio per confronto e contrasto rispetto ai predecessori.

E nuove pagine sui Longobardi di Procopio dovranno ancora ripartire dal suo testo, dalla sua sorgività di fonte, nella molteplicità delle sue implicazioni di lingua e di stile, di genere e di tecnica narrativa, che implica un rapporto attivo con il lettore. Tanto più che è fuorviante leggere Procopio, come ogni altro storiografo, in base ad aspettative *ex post*, a orizzonti di lettura preconfezionati, che non sono e non possono essere i suoi. Dovremmo provare a porci idealmente nella condizione dei lettori a lui coevi, sia per i primi sette libri dei *Bella* sia per l'ultimo.

---

224. *Niketas Choniates, passim.* Una generazione prima di Niceta, Eustazio di Tessalonica non aveva agito diversamente, nel suo *De capta Thessalonica.* Vedi anche le osservazioni di Kyriakidis in Eustazio di Tessalonica, *La espugnazione di Tessalonica,* a cura di S. Kyriakidis, Palermo 1961, pp. XIXss.
225. Kaldellis, *Procopius of Caesarea.*
226. Cameron, *Procopius and the Sixth Century.*
227. Ivi, p. 241: «more a reporter than a historian»; p. 260, «no great thinker»; *supra,* n. 34 e contesto.
228. Ivi, p. 260 e *passim.*

Potremo allora cogliere appieno che egli stesso scriveva da una «linea di frattura» (e impieghiamo volutamente un nesso enunciato dal Lamma).[229] La sua era la prima generazione nata e cresciuta in un impero romano senza una controparte, non importa quanto grande e prospera, in Occidente. E nel contempo era la *prima* generazione che vedeva un'ambiziosa politica occidentale nascere e svilupparsi, anche contraddittoriamente, e che ne rendeva conto – con quanta capacità! – mentre essa avveniva. Quella generazione non poteva sapere (tanto meno poteva sapere Procopio, che sperava di sopravvivere a Giustiniano)[230] che si sarebbe trattato anche dell'*ultima* generazione cui quella esperienza era concessa. E ciò, proprio per mano longobarda.[231]

---

229. Lamma, *Sulla fortuna dei Longobardi nella storiografia bizantina*, p. 216.
230. Intervengo sul tema in Cesaretti, «Bona civitatibus ex historia» *(Proc. Aed. I 1,2)*.
231. Nel periodo intercorso fra la stesura di questo studio e la sua preparazione per la stampa sono apparsi o mi sono diventati disponibili due contributi (W. Treadgold, *The Early Byzantine Historians*, New York 2007, e A. Kaldellis, *The Date and Structure of Prokopios' Secret History and His Projected Work on Church History*, in «Byzantine and Modern Greek Studies», 49 (2009), pp. 585-616) che però non è stato possibile discutere puntualmente nello svolgimento del discorso o nelle note. – Mi limito a segnalare che Treadgold, nel contesto di un ampio *pinax* della vita e dell'opera di Procopio (pp. 176-226), menziona anche le ambascerie dei Longobardi e dei Gepidi in Proc. *Bell.* VII 34 e le pone in collegamento con ascendenti tucididei (ambascerie dei Corciresi ad Atene contro i Corinzi – Thuc. *Hist.* I 32, 1 e 34, 2), sottolineando un *dry sense of humour* da parte dell'autore (p. 218 e n. 169): un ulteriore tassello in merito al suo "classicismo corrosivo" qui rimarcato. Kaldellis fornisce notevoli precisazioni in merito alla data di composizione della *Historia arcana* (550-551) e all'intento dell'opera procopiana su questioni di storia ecclesiastica, non portata a compimento.
    Sono nel frattempo apparsi (ma non ho potuto utilizzarli) gli atti del convegno menzionato alla n. 23 *supra*: *History as Literature in Byzantium*, Papers from the Fortieth Spring Symposium of Byzantine Studies, Birmingham, April 2007, a cura di R. Macrides, Aldershot 2010.

FRANCESCO LO MONACO

Dai *Fasti* a Fredegario

Langobardorum gens, socia Romani regni principibus, et Theodahadi
sororis filiam dante sibi imperatore in matrimonio iungens regi suo,
contra emulos Romanorum Gepidas una die pugna commissa eorum
pene castra pervasit, cecideruntque ex utraque parte amplius LX mi-
lia; nec par, ut ferunt, audita est in nostris temporibus pugna a diebus
Attilae in illis locis, praeter illa quae ante hanc contigerat sub Calluce
mag. mil. idem cum Gepidas aut certe Mundonis cum Gothis, in qui-
bus ambobus auctores belli pariter conruerunt.
Hi sunt casus Romanae rei publicae preter instantia cottidiana Bul-
garum, Antium et Sclavinorum. Que si quis scire cupit, annales consulumque seriem revolvat sine fastidio repperietque dignam nostri
temporis rem publicam tragydiae. Scietque unde orta, quomodo auc-
ta, qualiterve sibi cunctas terras subdiderit et quomodo iterum eas ab
ignaris rectoribus amiserit. Quod et nos pro captu ingenii breviter teti-
gimus, quatenus diligens lector latius ista legendo cognoscat.[1]

Che la serie dei fatti storici nei *Romana* di Iordanes si chiuda con
la memoria, epicizzata nei toni, di uno scontro fra Longobardi e Gepidi potrebbe apparire, assunto un punto d'osservazione moderno, quasi
simbolico: la strage in *Asfeld*, la quale avrebbe condotto all'assolvi-
mento dell'obbligo per una *consuetudo* che proibiva «ut regis cum
patre filius prandeat, nisi prius a rege gentis exterae arma suscipiat»,
poneva Alboino non solo al fianco del padre Audoino ma lo proiettava
in una dimensione eroica, di cui sarà parte non irrilevante, di lì a non

---

1. Iordanes, *Romana*, 386-387 (cfr. Giordane, *Romana et Getica*, a cura di Th.
Mommsen, *M.G.H. Auctores antiquissimi*, vol. 5/1, Berolini 1882, p. 52).

molti anni, il futuro italiano dei Longobardi.[2] Né meno significativo, per l'assunto di questo contributo, appare, nell'allocuzione al lettore che sigilla l'opera di Iordanes, l'invito a *revolvere* «annales consulumque seriem» per ricostruire il glorioso passato di una *res publica* oramai posta di fronte a un futuro di decadenza. In «annales consulumque seriem», e nei loro eredi, che sono elencati in un famoso passo del referente di sostanza per lo storico dei *Romana* e dei *Getica* (vale a dire, ovviamente, Cassiodoro[3]), colui il quale «scire cupit» troverà anche gli «instantia cottidiana», e tra di essi ci sarà anche l'affacciarsi dei Longobardi alla memoria, quella scritta.

Se l'ingresso nella storia dei discendenti dei figli di Gambara avrà come adito effettivo il grande lavoro di Paolo Diacono, quell'*Historia Langobardorum* buona ultima, come più volte da molti ricordato, fra le *historiae gentium*, con la problematica tappa intermedia dell'*Origo gentis Langobardorum*, questa preceduta dall'inattingibile (per noi) *Historiola* di Secondo di Non, cui, per prossimità di genere, si affiancano – anzi, nel primo caso si potrebbe parlare di un'anticipazione – interessanti, e sostanziose, epifanie longobarde, prospetticamente condizionate, nell'*Historia Francorum* di Gregorio di Tours e quindi nel correlato congiunto del misterioso "Fredegario", gli «instantia cottidiana» dei Longobardi lasciarono traccia di sé anche nella

---

2. Il passo sullo scontro fra Longobardi e Gepidi è segnato in margine da Mommsen con la sigla «IGN.», a indicare dunque l'assenza di un referente diretto individuabile nel contesto delle possibili fonti. Correlazioni utili, nonché aggancio ai fatti del 551-552, vennero forniti, in maniera essenziale e tuttavia esaustiva, da Domenico Comparetti nelle scarne note di commento all'edizione dei *Bella* di Procopio, in connessione a VIII [IV] 25, 14 (Procopio di Cesarea, *La guerra gotica*, a cura di D. Comparetti, 3 voll., Roma 1895-1898, vol. 3, p. 318 e n. 1); si veda comunque anche Cesaretti, alle pp. 34, 51 e 53 del presente volume. L'immanità dello scontro sembra riverberarsi non solo nelle formule allusive a una narratività diffusa che troviamo in Iordanes («ut ferunt») e in Procopio (φάσιν), ma anche in versi (12-15) della *praefatio* all'*In laudem Iustini augusti minoris* di Corippo. *Asfeld* (a quanto sembra, sempre meno un toponimo e sempre più un appellativo: cfr. N. Francovich Onesti, *Vestigia longobarde in Italia (568-774). Lessico e antroponimia*, Roma 1999, p. 64), Alboino e Audoino sono in Paolo Diacono, *Historia Langobardorum*, I 23-24 (qui e in seguito opera citata – se non diversamente specificato – sulla base dell'edizione curata da L. Bethmann e G. Waitz in *M.G.H. Scriptores rerum Langobardicarum et Italicarum*, Hannover 1878, abbreviata in HL).

3. Il riferimento è a *Institutiones* I 17 (quale edizione di riferimento si veda Cassiodoro Senatore, *Institutiones*, a cura di R.A.B. Mynors, Oxford 1961).

vasta famiglia dei *chronica*. A popolare il nucleo sono, per lo più, integratori epigrafi di Prospero di Aquitania (magari di un Prospero già *auctus*), come nel caso di Giovanni di Biclaro e di Mario di Avenches e, talvolta, notevoli continuatori anepigrafi, come per la cosiddetta *Continuatio Hauniensis* di Prospero, databile alla metà del VII secolo, senza escludere rielaboratori originali del modello eusebiano e prosperiano, quale Isidoro di Siviglia, membri che, in alcuni casi, condividono un patrimonio di informazioni provenienti dai cosiddetti *Consularia* (aggettivabili anche con *Italica*),[4] non privi, nemmeno questi ultimi, di frammenti di una tradizione diretta (il pensiero corre subito ai cosiddetti *Fasti Vindobonenses*). Non ultimo è da ricordare il *Liber pontificalis*, nelle sue fasi di antica elaborazione.

Intento del presente contributo non sarà quello di passare nuovamente al vaglio critico della maggiore o minore attendibilità chi (o che cosa) ha conservato (e come) i frammenti di storia longobarda provenienti dalla tradizione dei *Consularia*, variamente integrati, oppure inserire in una "storia dei Longobardi" le narrazioni e le informazioni di Gregorio di Tours, del Continuatore auniense di Prospero oppure di "Fredegario", quanto piuttosto indagare i modi, i luoghi di conservazione, e trasmissione, di quelle notizie e di quei testi, nonché le logiche di talune emersioni (se e ove possibile).[5]

4. L'elenco stilato da Theodor Mommsen (*Chronica minora saec. IV. V. VI. VII.*, vol. 1, *M.G.H. Auctores antiquissimi*, vol. 9, Berolini 1892, pp. 251-252) di rielaborazioni, epitomi e possibili fruitori dei *Consularia Italica* mantiene la sua validità, così come buona parte delle edizioni (presenti nei volumi dei *Chronica minora*) dei testi cui s'è fatto cenno e che anche in questo contributo verranno citati sulla base dell'edizione Mommsen, se non altrimenti specificato.

5. Per esclusiva comodità del lettore si raccoglie in appendice uno schema delle fonti storiografiche "dai *Fasti* a Fredegario" e dei fatti connessi alla storia dei Longobardi in esse presenti. Dalla repertoriazione – e quindi dall'analisi – sono stati volutamente esclusi sia Gregorio Magno sia le cosiddette *Epistolae Austrasicae*, documenti certamente di grande importanza, e tuttavia più di valore testimoniale che, potremmo dire, storiografico: e non a caso sia Gregorio sia le *Epistolae* costituiscono la spina dorsale di quello che ancora rimane uno dei repertori fondamentali per la storia dei Longobardi in Italia (al di là delle naturali debolezze metodologiche), vale a dire il *Codice diplomatico longobardo* del Troya (C. Troya, *Storia d'Italia del medio-evo*, IV/1, *Codice diplomatico longobardo dal DLXVIII al DCCLXXIV*, I, Napoli 1852). Per l'immagine dei Longobardi attraverso la lente gregoriana offre ora più di un fuoco F. Mores, *Invasioni d'Italia. La prima età longobarda nella storia e nella storiografia*, Pisa 2011 (in particolare si vedano le pp. 211-240), utile anche per i Longobardi

Come accennato, fulcro nel ricordo collettivo dei Longobardi si mostrerebbero sia l'uscita dalla Pannonia sia quindi la data dell'*ingressus* in Italia, fatto quest'ultimo sul quale sembra venisse avvertita l'esigenza di parametrare molti degli avvenimenti successivi, ma altresì fatto, a quanto pare, variamente posizionato nella memoria, anche dei Longobardi stessi.[6] Nei *Consularia* l'avvenimento, non secondario per la storia delle parti occidentali di quello che, fino a meno di un secolo prima, era l'impero, doveva essere stato registrato; e infatti ci è giunto un *excerptum*, con cronologia e dati, consegnatoci dal manoscritto 878 della Stiftsbibliothek di San Gallo, codice assegnabile al terzo quarto del IX secolo di cui, a partire dagli anni Cinquanta del XX secolo, conosciamo localizzazione e paternità.[7]

nelle *Epistolae Austrasicae*, per le quali si può tenere come punto di riferimento *Il Liber epistolarum della cancelleria austrasica*, a cura di E. Malaspina, Roma 2001. Si vedano comunque con profitto C. Azzara, *Gregorio Magno, i Longobardi e l'Occidente barbarico. Costanti e peculiarità di un rapporto*, in «Bullettino dell'Istituto storico italiano per il medio evo e Archivio Muratoriano», 97 (1991), pp. 1-74 e B. Saitta, *Crisi demografica e ordinamento ecclesiastico nell'Italia di Gregorio Magno*, in «Romanobarbarica», 19 (2006-2009), pp. 189-229.

6. Lo spazio concesso nell'*Origo gentis Langobardorum* (§5: edizione di riferimento, se non altrimenti specificato, è: *Origo gentis Langobardorum*, a cura di A. Bracciotti, Roma 1998) ad Alboino, allo stanziamento in Pannonia e all'uscita da essa alla volta dell'Italia potrebbe essere simbolico della centralità di episodi e personaggi. La parametratura è, come noto, anche nel prologo all'*Editto* di Rotari (si tenga come utile edizione di riferimento quella presente in *Le leggi dei Longobardi. Storia, memoria e diritto di un popolo germanico*, a cura di C. Azzara e S. Gasparri, Roma 2005, p. 15), e inoltre *ingressus* (o *invasiones*), anche solamente territoriali, sono menzionati nei dati cronici della sottoscrizione (581) del *notarius* Pietro all'esemplare degli *Excerpta ex operibus sancti Augustini* di Eugippio affidatogli dal vescovo di Napoli, Reduce (testo completo in M. Gorman, *The Manuscript Tradition of the Works of Saint Augustine*, Firenze 2001, p. 58 n. 58), come in altra sottoscrizione – questa volta anonima e di non facile interpretazione dal punto di vista della cronologia – al testimone del *Liber pontificalis* presente nel famoso manoscritto 490 della Biblioteca Capitolare di Lucca (f. 160v: si vedano per questioni di cronologia e per riproduzioni *Libri pontificalis pars prior*, a cura di Th. Mommsen, *M.G.H. Gesta pontificum Romanorum*, vol. 1, Berolini 1898, pp. XIV-XV, LXXVI e Tab. II, e *Le Liber Pontificalis*, a cura di L. Duchesne e C. Vogel, Paris 1955-57, vol. 1, p. CLXV, e vol. 3, p. 61).

7. L'*excerptum* si trova a p. 304 del manoscritto (il codice è integralmente consultabile on-line all'indirizzo http://www.e-codices.unifr.ch/it/list/one/csg/0878 - ultimo accesso all'URL verificato ottobre 2011): «ITEM P̄C Iustiniani [*sic*] Aug. anno Longobardi intraverunt in Italiam XII kl apriles»: cfr. *Chronica minora*, vol.

Assodata oramai da tempo la forte contiguità di parte del materiale cronografico presente nel codice di San Gallo con quella tràdita dal (più tardo) manoscritto lat. 3416 della Österreichische Nationalbibliothek di Vienna, e nello specifico la contiguità della sezione che veicola il nostro *excerptum* con i cosiddetti *Fasti Vindobonenses*,[8] l'essere passati da un'inevitabile, e tuttavia anodina, denominazione di base toponomastica degli *excerpta*, dotati pertanto dell'appellativo di *Sangallensia*, alla loro assegnazione alla mano di Walafrido Strabone, monaco e poi abate di Reichenau, legato alla corte di Ludovico il Pio e là precettore di Carlo il Calvo, non può non suscitare nuove curiosità.[9]

In primo luogo è da osservare che l'*excerptum* con la data dell'ingresso in Italia non è l'unico che riguardi i Longobardi nel nucleo – a dire il vero non troppo sostanzioso – degli estratti dai *Consularia*[10] selezionati da Walafrido, i quali sono caratterizzati da marcati interessi per eventi taumasiologici, astronomici e naturali (particolarità che in generale sembra segnare le scelte di Walafrido nell'escertazione da fonti cronografiche, come già evidenziato da Bischoff[11]) piuttosto che storici in senso stretto: il gruppo si chiude difatti con la registrazio-

---

1, p. 335 n[i] 711-712. Il dettato del passo venne variamente anatomizzato e quindi ebbe alcuni tentativi di ricostruzione chirurgica (con sottilissimi e, talvolta, virtuosistici incroci dialettici riguardanti il possibile utilizzo da parte di Mario di Avenches, della *Continuatio Hauniensis* di Prospero, di Agnello di Ravenna o di altri) in R. Cessi, *Le prime conquiste longobarde in Italia*, in «Nuovo archivio veneto», 18/35 (1918), pp. 103-158 (in particolare alle pp. 123-32) e quindi in O. Bertolini, *La data dell'ingresso dei Longobardi in Italia*, in *Scritti scelti di storia medievale*, vol. 1, Livorno 1968, pp. 19-61 (in particolare pp. 43-51; si tenga presente che il contributo di Bertolini era apparso dapprima nel 1920 come articolo del «Bollettino della società pavese di storia patria», 20, pp. 11-70).

8. Sugli *Excerpta Sangallensia*, i *Consularia Italica* e i *Fasti Vindobonenses* si parta dai *Chronica minora*, vol. 1, pp. 31-33, 263-264, cui si affianchi R. Cessi, *Studi sulle fonti dell'età gotica e longobarda*, I, *I "Fasti Vindobonenses"*, in «Archivio Muratoriano», 17-18 (1916), pp. 295-405 (e in particolare le pp. 298-301).

9. L'individuazione della presenza (anche autografa) di Walafrido Strabone nel Sangallese 878 risale a B. Bischoff, *Eine Sammelhandschrift Walahfrid Strabos (Cod. Sangall. 878)*, in *Mittelalterliche Studien*, vol. 2, Stuttgart 1967, pp. 34-51.

10. Per tradizione (e comodità) si continuerà a denominare in tal modo tipologie testuali diverse: cfr. per un panorama generale B. Croke, *Chronicles, Annals and 'Consular Annals' in Late Antiquity*, in «Chiron», 31 (2001), pp. 291-331.

11. Bischoff, *Eine Sammelhandschrift*, pp. 47-48.

ne della data di morte del re Alboino, avvenimento che, entro la fine dell'VIII secolo, come noto, era stato caricato di numerosi elementi narrativi.[12] Su trentaquattro fatti registrati alle pp. 303-305 del codice sangallese, e (spesso) in relazione con i cosiddetti *Fasti Vindobonenses*, per un arco cronologico che va dal 390 al 572, solamente undici sono di interesse storico in senso stretto, con una maggior concentrazione di questi proprio nel nucleo degli *excerpta* che riguardano gli anni fra il 549 e il 572 (con cinque estratti[13]).

Per quale ragione Walafrido Strabone, presumibilmente fra l'829 e l'838, avrebbe estrapolato, forse dalla copia dei testi cronografici presente nella biblioteca di corte,[14] dati riguardanti la storia dei Longobardi? Il loro inserimento in una serie che da un lato

12. A p. 305: «VI P̄C Iustini Augusti. Eo anno occisus est a suis Albida rex Langobardorum VIII kl iun. et fuit hominum nimia mortalitas» (*Chronica minora*, vol. 1, p. 336 nⁱ 716-718). Una comoda sinossi delle altre fonti altomedievali di natura cronografica che recano memoria del fatto è in Paolo Diacono, *Storia dei Longobardi*, a cura di L. Capo, Milano 1992, p. 452 e K.P. Hilchenbach, *Das vierte Buch der Historien von Gregor von Tours*, 2 voll., Bern 2009, vol. 2, p. 580 n. 374.

13. *Chronica minora*, vol. 1, pp. 334-38 nⁱ 704 (ingresso di Totila a Roma, 550), 707 (morte di Giustiniano, 565), 712 (ingresso dei Longobardi in Italia, 568), 714 (ingresso di Narsete a Roma per far erigere sue statue sul Palatino e sul Campidoglio), 718 (morte di Alboino, 572).

14. Bischoff assegna l'*excerptum* alla mano WIV, vale a dire agli anni successivi all'827-829 (*Eine Sammelhandschrift*, pp. 40 e 48): il temine ultimo è costituito dalla nota annalistica di Walafrido stesso sul terremoto dell'849 (*Eine Sammelhandschrift*, p. 45). I vari *excerpta* ripresi dal *Cronografo del 354*, dai *Fasti*, dall'*Historia tripertita* e dall'*Historia ecclesiastica* possono essere stati ricopiati in quel vademecum che è Sangallense 878 da appunti presi altrimenti e anche altrove. La riunione fra *Cronografo del 354* e *Fasti*, che si riscontra, oltretutto con un'attribuzione di parte di questi ultimi a un "Orosio" (gli *excerpta* nel Sangallese 878 recano come iscrizione (p. 303): *EXCERPTUM EX CHRONICA HOROSII*), sia nel manoscritto di San Gallo sia nel Vindobonense lat. 3416 (*Chronica minora*, vol. 1, p. 296 n° 494 e cfr. pp. 32, 91, 149 e 264), codice di probabile origine tedesca meridionale (forse Norimberga), databile alla prima metà del XVI, e discendente da un antigrafo carolingio a sua volta dipendente da un manoscritto tardoantico (attendibile descrizione rimane quella di J.H. Hermann, *Die frühmittelalterlichen Handschriften des Abendlandes. Beschreibendes Verzeichnis der illuminierten Handschriften in Österreich*, vol. 1, *Die illuminierten Handschriften und Inkunabeln der Nationalbibliothek in Wien*, Leipzig 1923, pp. 1-5), rendono più che probabile la dipendenza da un'unica fonte, che poteva trovarsi proprio nella biblioteca di corte a contatto della quale Walafrido dovette essere negli anni indicati (cfr. anche Bischoff, *Eine Sammelhandschrift*, pp. 45 e 47 n. 38).

comprenda la cosiddetta *Historia Langobardorum codicis Gothani*, nonché la (correlata) raccolta di testi giuridici – con le rispettive agglutinazioni, se si vuole, storiografiche su *origines* e *reges* – organizzata da Lupo di Ferrières per Everardo del Friuli e che dall'altro preveda la pur semplice repertoriazione di materiale, che riguardi i Longobardi e la loro storia, presente nell'area della Rezia entro il secondo quarto del IX secolo potrebbe, per certi versi, aiutare a intravvedere una logica, che forse è di interrelazione culturale fra *gentes* le quali sarebbero dovute andare a costituire un *regnum* cui, proprio in quell'arco di tempo, si tentava di dare una strutturazione politica e territoriale.

Una *Historia Uuinilorum* venne registrata nel catalogo di Reichenau redatto fra l'835 e l'842, arco entro il quale si pongono i due abaziati di Walafrido (il secondo, a dire il vero, travalica gli estremi), e l'identificazione con l'attuale codice 635 della Stiftsbibliothek di San Gallo (di origine italiana, forse milanese) appare più che probabile.[15] Walafrido era stato, come accennato, a partire dall'829, e dopo un'educazione ricevuta nel monastero stesso di Reichenau, precettore di Carlo il Calvo presso la corte di Ludovico il Pio, inviatovi dietro consiglio di Grimoaldo e di Ilduino di Saint-Denis.[16] Parimenti a Reichenau era stato legato anche uno dei tutori di Pipino (il già Carlomanno secondogenito di Carlo Magno), re d'Italia, vale a dire Waldo, il «praecipuus operator» di Carlo Magno nelle cose d'Italia e amministratore del vescovato di Pavia, legato da vincoli di amicizia a Reichenau con Wetti e Grimoaldo:[17] e intorno a Pipino ruota, con ogni probabilità, la *Historia codicis Gothani*

15. Per le proposte di identificazione e localizzazione di veda L. Pani, *Aspetti della tradizione manoscritta dell'*Historia Langobardorum, in *Paolo Diacono. Uno scrittore fra tradizione longobarda e rinnovamento carolingio*, a cura di P. Chiesa, Udine 2000, pp. 392-95, ipotesi ripresa e accettata da P. Chiesa, *Caratteristiche della trasmissione dell'*Historia Langobardorum, in *Paolo Diacono e il Friuli altomedievale (secc. VI-X)*, 2 voll., Spoleto 2001, vol. 1, pp. 45-66, in particolare pp. 60-61.
16. Una sintetica, ma sufficiente, scheda biografica di Walafrido è curata da G. Bernt in *Lexikon des Mittelalters*, vol. 8, München 1997, coll. 1937-1938.
17. Su Waldo in generale e sulla funzione di precettore di Pipino (Carlomanno) d'Italia cfr. A. Zettler in *Lexikon des Mittelalters*, vol. 8, München 1997, col. 1958, e G. Tabacco, *L'avvento dei Carolingi nel regno dei Longobardi*, in *Il regno dei Longobardi in Italia. Archeologia, società e istituzioni*, a cura di S. Gasparri, Spoleto 2004, pp. 443-479, p. 457.

(la quale pare, tuttavia, ignorare Paolo Diacono), che sembra avere come programma l'inserimento dei Franchi nella linea storica dei Longobardi.[18] Preoccupazione analoga è quella che pare animare la rielaborazione (o, meglio, il sistema di integrazioni) che a Lupo di Ferrières si deve far risalire dell'*Origo gentis Langobardorum* pensata, a quanto risulterebbe, quale accompagnamento di un *corpus* di leggi delle varie *gentes* del *regnum* progettato, come accennato, per un personaggio di primaria importanza nel teatro politico italiano quale Everardo del Friuli.[19] Attenzioni dunque per una specificità dei Longobardi, e quindi della loro storia (sebbene variata su di un nuovo tema), le quali possono trovare una plausibile ragione nel fatto che «il caso italico-longobardo» si distingueva «da quello di altri popoli entrati in tempi diversi nella sfera dei Franchi, come Burgundi, Alemanni, Bavari, Sassoni» in conseguenza

dello sviluppo istituzionale raggiunto dal "regnum Langobardorum" nel secolo VIII come organismo politico avente il suo fulcro nello stabile "palatium" di una vera capitale, Pavia. Ancora nell'844, quando l'imperatore Lotario mandò in Italia il figlio Ludovico – il futuro imperatore Ludovico II –, papa Sergio II lo incoronò re dei Longobardi.[20]

Ambiti geografici e interessi ai quali sembra di poter associare gli *excerpta* tradizionalmente denominati come *Sangallensia*, ma oramai forse ridefinibili, più propriamente, quali *excerpta Stra-*

18. Per la cronologia e la destinazione dell'*Historia codicis Gothani* si veda in questo volume il contributo di Walter Pohl (in particolare p. 113).
19. Quanto necessario alla ricostruzione di contesti e testi si può trovare in W. Pohl, *Werkstätte der Erinnerung. Montecassino und die Langobardische Vergangenheit*, Wien 2001, pp. 122-129.
20. Tabacco, *L'avvento dei Carolingi*, p. 466. Può essere inoltre utile richiamare anche la chiusa del secondo libro delle *Historiae* di Freculfo di Lisieux, come noto, dedicato a Giuditta, madre di Carlo il Calvo, che pone tra gli ultimi fatti della sua narrazione proprio la memoria dell'*ingressus* dei Longobardi in Italia e, quindi, la fondazione di un *regnum*: «Igitur a nativitate Domini Iesu Christi ob amorem dominae meae Augustae Iudith secundum scribendo adgressus sum opus, quod usque ad Gregorii eximii doctoris obitum perduxi. De gestis etiam Bonefacii papae quaedam deinceps praelibando perstrinxi. Romanorum iudicibus et Gothis ab Italia et Galliis depulsis, his Francis et Langobardis succedentibus in regnis, hic terminum censui meorum inponere librorum» (si cita sulla base di Freculfo di Liseux, *Opera omnia*, a cura di M.I. Allen, Turnhout 2002, p. 724).

boniana (con salva anche l'iterabilità dell'acronimo), potrebbero essere d'aiuto per fissare e cercare di comprendere le coordinate, potremmo dire, geopolitiche di un altro famoso *excerptum* riguardante la storia dei Longobardi (e anche qui la data dell'*ingressus*): il *fragmentum* «ex codice Weingartensi», tradizionalmente assegnato alla *succincta historia* dei Longobardi di Secondo di Non (o di Trento).[21] Che il *codex Weingartensis* debba essere identificato con il manoscritto HB VI 113 della Württembergische Landesbibliothek di Stoccarda, un'ampia e complessa raccolta di canoni e decretali, con l'aggiunta di un penitenzale e di alcuni testi minori inerenti la vita religiosa, è fatto appurato (anche in questo caso) fin dagli anni Cinquanta del XX secolo.[22] L'abazia di Weingarten tuttavia fu in realtà il punto di approdo (con l'*ex libris* marcato da una data: quella del 1606) di un codice confezionato altrove, e più precisamente, stando alle caratteristiche grafiche, nell'area della Rezia.[23]

21. Gli inserti sono estrapolati dalla nota 3 a p. 25 dell'edizione Waitz-Bethmann dell'*Historia Langobardorum*, ove è anche un'edizione del testo e la bibliografia pregressa, fino al 1878.
    22. Notizia della riemersione del manoscritto e del frammento venne data – per quel che riguarda gli studi su Secondo – da E. Quaresima, *Il frammento di Secondo di Trento*, in «Studi Trentini di Scienze Storiche», 31/1 (1952), pp. 72-76; la più accurata descrizione del codice di Stoccarda si deve a J. Autenrieth, *Die Handschriften der ehemaligen Hofbibliothek Stuttgart*, vol. 3, *Codices iuridici et politici (HB VI 1-139). Patres (HB VII 1-71)*, Wiesbaden 1963, pp. 113-116. Su alcuni aspetti della raccolta di canoni e decretali della prima parte del codice (ff. 1-91) si veda utilmente J. van der Speeten, *Quelques remarques sur la collection canonique de Weingarten*, in «Sacris Eruditi», 29 (1986), pp. 25-118.
    23. Anteriormente alla sosta a Weingarten, la raccolta di canoni potrebbe essere stata catalogata a Coira nel 1457 e/o aver avuto un episodio biografico (sempre nel XV secolo) legato all'abazia di Pfäfers: cfr. Autenrieth, *Die Handschriften*, p. 114. Il codice di Stoccarda HB VI 113 è stato da tempo (basti il rinvio a Autenrieth, *Die Handschriften*, p. 114, con i riferimenti bibliografici pregressi necessari) correlato a Sankt Gallen, Stiftsbibliothek, 722 (per cui cfr. http://www.e-codices. unifr.ch/it/list/one/csg/0722 - ultimo accesso all'URL verificato nell'ottobre 2011), manoscritto contenente, tra altro, la *Lex Romana Curiensis* nonché i *Capitula Remedii episcopi Curiensis et praesidis Retiae* i quali, dunque, parrebbero connettere il manufatto all'importante sede vescovile di Coira. L'ipotesi di assegnare San Gallo 722 alla mano del *presbiter* Orsicino (attestato nell'852/859 fra gli scriventi di *Vinomna*/Rankweil) proposta da R. McKitterick, *The Carolingians and the Written Word*, Cambridge 1999, pp. 47, 109-110, con un avanzamento dunque della cronologia del codice – tradizionalmente assegnato alla fine dell'VIII o all'inizio del

Il frammento secondino continua indubbiamente a presentare dei problemi, non solo (o non tanto) interpretativi quanto funzionali.[24] Non meno problematica ne è tuttavia l'apparizione a f. 92r di HB VI 113, giacché il testo si presenta come un inserto, in un'area scrittoria per di più di riciclo, del tutto estemporaneo e decontestualizzato. Una perturbazione, dovuta a uno smembramento del fascicolo M del codice di Stoccarda (fatto probabilmente da assegnare al XVIII secolo), ha ulteriormente complicato una situazione già, si potrebbe dire, alquanto mobile. Sta al merito di Johanne Autenrieth l'aver ricostruito la struttura originaria del fascicolo, anche nelle sue componenti "mobili", e l'aver ribadito, rispetto alla corretta posizione del f. 92, la più che probabile primitiva esistenza di un foglio, quindi asportato, che lo precedeva.[25] Si consideri la situazione: al f. 92v inizia la *capitulatio* della *Collectio Andegavensis* (quest'ultima occupa quindi, con integrazioni, gli attuali ff. 104r-195r: la *Collectio* in sé termina al f. 160r), indice che si estende fino al f. 95r.[26] Il frammento

IX secolo – di più di mezzo secolo, sembra non essere del tutto congruente con le caratteristiche della scrittura del *presbiter*, per la quale si vedano ora P. Erhart, J. Kleindinst, *Urkundenlandschaft Rätien*, Wien 2004, pp. 66, 69, 231.

24. Che il frammento senta di cadenza finale, appare fuori di dubbio, e che quanto precedeva fosse un testo narrativo piuttosto che documentario sembra più che probabile (difficilmente sostenibile peraltro la tesi di Bertolini, *La data*, p. 27, per cui si tratterebbe «della semplice chiusa di un atto sinodale», asserzione forse condizionata dal contesto in cui il frammento secondino è stato trasmesso). Di difficile definizione rimane un eventuale rapporto del frammento con l'*Historiola* di Secondo, peraltro dato come acquisito nella voce *Secundus Tridentinus* in *Repertorium fontium historiae medii aevi*, vol. 10/3, Roma 2005, p. 322. L'edizione più attendibile del frammento è quella offerta da Quaresima, *Il frammento*, pp. 73-74, mentre quella "vulgata" presente, come *parergon* in nota, negli *M.G H.* (cfr. qui nota 21) è meno attendibile.

25. L'esistenza di «an unnumbered strip with some script... after f. 91» era stata rilevata anche da E.A. Lowe nella scheda del codice nei *Codices Latini Antiquiores*, vol. 9, Oxford 1959, p. 35.

26. Per comodità è opportuno riproporre la conformazione originale del fascicolo M, come ricostruita dalla Autenrieth: la successione corretta dei fogli (sulla base della numerazione attiva) è 97, 98, 90, 91, 92, 93, 94, 95, 104, 105; i ff. 92-93 costituiscono il bifoglio centrale e i ff. 90 e 94 sono fogli singoli (il corrispettivo assente del f. 90 sarebbe stato fra i ff. 95 e 104, ove però non c'è assenza di testo; il corrispettivo assente del f. 94 sarebbe stato fra i ff. 91 e 92, ov'è presente – come accennato – un tallone con tracce di scrittura). I fogli contengono: ff. 97r-91r la fine della prima collezione canonica, f. 92r il frammento secondo con resti (in parte

secondino venne vergato, dalla stessa mano – peraltro una delle principali[27] – che scrisse la *capitulatio* e quindi anche la *Collectio*, nella parte superiore del f. 92r, foglio originariamente occupato anch'esso da una *capitulatio* della *Collectio* (scritta dalla stessa mano di cui prima), indice evidentemente abbandonato, con quindi la pergamena su cui era stato vergato destinata al riuso. C'è peraltro da notare che, per far spazio al testo di Secondo, venne cancellata, per abrasione, solamente la parte superiore della preesistente *capitulatio* e vennero lasciati i titoli dei *capitula* dall'83 all'87 (il totale dei *capitula* della *Collectio* è di 107), che occupano la parte inferiore di f. 92r.[28] In HB VI 113 non mancano inserzioni, anche cronologicamente stratificate, e tuttavia si tratta esclusivamente di testi strettamente legati all'ambito della vita religiosa (anche per quel che concerne l'inserto poetico – più tardo – di f. 81v, con sequenze mariane e notazione neumatica): il frammento secondino si trova così del tutto isolato, come accennato, anche nel contesto delle inserzioni.

Per quale motivo, dunque, appare questa meteora cronografica in ambiti testuali del tutto diversi? C'era un motivo per cui un copista aveva sentito l'esigenza, all'interno di una collezione canonica, di far spazio a un passo di Secondo di Non nel quale l'autore ricordava di aver scritto «mense iunio, indicione XIII» di indefiniti (almeno per noi oggi) *acta* avvenuti nell'anno 5786 dall'inizio del mondo (i 5229 dall'inizio alla natività di Cristo più i 557 dalla natività di Cristo al presente), anno bisestile, il dodicesimo dalla venuta dei Longobardi in Italia «eo quod secunda inditione in ea ingres-

abrasi) di una *capitulatio* della *Collectio Andegavensis*, ff. 92v-95r la *capitulatio* della *Collectio Andegavensis*, f. 95v è bianco, ff. 104r-105v l'inizio della *Collectio Andegavensis*.

27. Per la successione delle mani cfr. Autenrieth, *Die Handschriften*, p. 114.
28. Dalla collazione dei *tituli* residuali a f. 92r (A) con i corrispettivi nella *capitulatio* completa di f. 94v (B) emergono alcune differenze, che corrispondono, prevalentemente, a imprecisioni della *capitulatio* abbandonata: tit. 84 *per* (corr. in *post*) *inlusionem* A] *post inlusione* B; tit. 86 *quod non debeant in gradu psallere* A] *quod non debeant diacones in gradu psallere* B. Ovviamente i due casi non sono sufficienti a giustificare l'abbandono della copia e tuttavia possono essere indizio di un minore livello di attenzione all'altezza della prima copiatura, che può essere stata all'origine di una decisione in tal senso. Altro indizio che sembra parlare a favore di un abbandono è dato dal fatto che le iniziali maiuscole di ciascun *titulus* non sono state toccate con colore in A, cosa che invece avviene (con studiata sistematicità) in B.

si sint, mense maio», nonché il terzo dell'episcopato di Agnello a
Trento, il quindicesimo della *conversio* di Secondo stesso, e infine il
primo dell'impero di Tiberio?

Se è pur vero che non tutto deve rispondere a delle logiche strin-
genti e trovare una *ratio* e che quindi l'escertazione del passo di Secondo può essere stata dettata da ragioni non sondabili, tuttavia la posizione del testo secondino in HB VI 113, una posizione, si potrebbe
dire, strutturata (non lo si trova in spazi tipici delle scritture estempo-
ranee, ad esempio, come fogli di guardia, spazi bianchi, margini etc.),
per quanto su di una superficie riciclata, lascia adito a ipotesi che devono avere come punto di partenza la materialità della costruzione del
fascicolo M nel codice di Stoccarda. Il frammento di Secondo si trova
infatti, come detto, nella parte superiore del f. 92r, in posizione centrale, vale a dire sovrapposto alla parte della *capitulatio A* della *Collectio
Andegavensis* cancellata appunto per far posto al nuovo testo, il quale
sfrutta anche il campo scrittorio del testo precedente: le posizioni del
testo secondino sembrano dunque aumentarne le caratteristiche di finale d'opera, anche in senso fisico.

Torniamo alle due *capitulationes* della *Collectio Andegavensis*
presenti nel fascicolo. Come detto, i resti della *capitulatio A* si trovano a f. 92r con il *titulus* 87 come ultimo; a f. 92v inizia la *capitulatio B* che, completa, si estende fino a f. 95r. Dunque sul bifoglio
92-93 si trovano, in sequenza: passo di Secondo di Non (f. 92r parte
superiore) scritto su superficie abrasa e con *tituli* della *capitulatio A*
sottostanti, *tituli* della *capitulatio A* non abrasi, dal *titulus* 83 al *titulus* 87 (f. 92r parte inferiore), *capitulatio B* (da f. 92v: l'ultimo *titulus* di f. 93 v è il 51) scritta, si noti bene, su pergamena prima non
utilizzata. Pertanto, la *capitulatio A* era stata abbandonata all'altezza del *titulus* 87 e il supporto scrittorio, che era formato da un bifoglio di cui era stato utilizzato solamente il recto del primo foglio,
doveva essere stato accantonato per un eventuale riuso. Proprio il
punto di abbandono della *capitulatio A* (oramai scritta per poco più
dei 4/5 del totale) spinge ad alcune considerazioni, per le quali è necessaria una comparazione strutturale con la *capitulatio B*. La *mise
en page* di ambedue le *capitulationes* è, se non addirittura identica,
assai simile e quindi pressoché uguale era lo spazio occupato per la
copiatura. Ipotizzando che il copista (peraltro, come detto, lo stesso che in seguito porterà a termine il lavoro con la *capitulatio B* e

quindi con la *Collectio*) avesse iniziato a vergare la *capitulatio A* su di un nuovo fascicolo, la posizione del *titulus* 87 viene ad essere in fondo al terzo foglio recto, come anche nella *capitulatio B* i *tituli* dall'1 all'87 occupano cinque pagine (ff. 92v-94v), ovvero il verso di un foglio e il recto e il verso di altri due, posto che il recto, nel f. 92, è occupato dalla parte finale della *capitulatio A* abbandonata. Dunque, si può pensare che il mancato prosieguo della copiatura della *capitulatio A* avesse avuto come esito l'accantonamento fra la pergamena di riciclo di due bifogli utilizzati al 50% (bifogli 1 e 2, con dunque due facciate utilizzate e due libere: 1-2 / 3-4) e di un bifoglio utilizzato al 25% (bifoglio 3, con dunque una facciata utilizzata e tre libere: 1 / 2-4).

Probabilmente il supporto scrittorio accantonato, non venne reimpiegato immediatamente nella costruzione della nuova *Collectio* ma ebbe una fase di vita intermedia, di impiego diverso e del quale il frammento secondino potrebbe essere la traccia. Se si analizza infatti a fondo la struttura del fascicolo M, è possibile osservare che la conformazione raggiunta al momento dell'aggregazione alla prima raccolta di canoni (ff. 1-91) della *Collectio Andegavensis*, con la rispettiva *capitulatio*, (ff. 92-195), pare essere l'esito di un'integrazione ovvero di una risistemazione del fascicolo in funzione di un ampliamento della raccolta di collezioni canoniche. Il fascicolo M è infatti, nella conformazione finale, un quinione, struttura non prevalente in HB VI 113, ove è maggioritario il quaternione. Inoltre il fascicolo raggiunge la consistenza di 10 fogli attraverso la formula (4+1)+(4+1), con cioè – come già evidenziato – due fogli singoli (90 e 94) inseriti rispettivamente fra secondo e terzo e quindi terzo e quarto bifoglio, particolare che lascia ipotizzare un'iniziale struttura di trinione "ampliato" con foglio singolo (3+1+3; l'ampliamento è l'attuale f. 90), cosa che non sorprende se si pensa a un fascicolo di chiusura di una collezione canonica che originariamente poteva consistere della sola prima parte della raccolta finale (ff. 1-91: gli attuali ff. 95, 104,105, coerenti rispettivamente con 91, 98 e 97 potevano essere rimasti bianchi).

Questa collezione poté quindi entrare, in un secondo tempo (non troppo lontano, comunque), all'interno della medesima comunità scrittoria, in un progetto di ampliamento, con l'aggregazione della *Collectio Andegavensis*, cosa che può aver comportato sia la ristrutturazione del fascicolo M, passato da trinione "ampliato" a quinione, con l'aggiunta di un bifoglio (gli attuali ff. 92-93) e di un foglio singolo (l'attuale f. 94), sia l'utilizzo di fogli che originariamente potevano essere rimasti bianchi (ff. 91, 98 e 97, come s'è visto). Per fare ciò il copista di HB VI 113 può aver fatto ricorso al materiale in qualche maniera destinato al riuso, giacché, secondo una prassi consolidata nella produzione libraria medievale, gli era stato possibile preventivare, per meglio utilizzare le aree scrittorie a disposizione (e *in primis* i tre fogli bianchi del primitivo trinione "ampliato"), la necessità di un totale di sei facciate per copiare l'intera *capitulatio* della *Collectio Andegavensis* e quindi iniziare la copiatura della *Collectio* stessa. Tra il materiale di riuso potevano rientrare ancora i bifogli su cui era stata copiata l'abbandonata *capitulatio A* della *Collectio Andegavensis*: uno, quello che terminava al *titulus* 87, presentava tre facciate libere, come s'è visto, gli altri due facciate e in tal modo si sarebbe arrivati a cinque, con la sesta recuperabile nel recto dell'attuale f. 95r (infatti il f. 95v venne lasciato bianco), il quale, come detto, è coerente con f. 91. La *Collectio* sarebbe iniziata con il nuovo f. 104. Prima tuttavia di trovare reimpiego nel nuovo fascicolo di "snodo" fra le due collezioni, i bifogli che ospitavano la *capitulatio A*, proprio perché destinati al riuso, poterono essere l'approdo di un testo poi a sua volta sacrificato per altro di maggior interesse e di più vasto impiego. Non si può, in altre parole, escludere che sulle prime cinque facciate dei tre bifogli che erano occupati dalla *capitulatio A* fosse stato (provvisoriamente?) copiato, quasi sicuramente abradendo la scrittura precedente, un testo di Secondo di Non, di cui rimangono, per un motivo del tutto meccanico e di esclusiva convenienza,[29] solamente le ultime dodici righe, per lo più un elenco, come s'è visto, di sistemi di datazione per fissare quello che per noi è l'*annus Domini* 580.[30]

---

29. L'attuale frammento di Secondo si trova sul bifoglio utilizzato al 25% nella precedente copiatura della *collectio A* per il quale dunque non era conveniente il dimezzamento (cosa invece consigliabile per i bifogli utilizzati al 50%, a meno che non si volesse procedere a un'ulteriore abrasione dell'ulteriore scrittura sovrapposta e creare un palinsesto *bis rescriptus*: ma le caratteristiche della pergamena non sembravano consigliarlo), senza la perdita di una facciata, vale a dire l'attuale f. 92v.

30. Potrebbe apparire, per certi versi, sorprendente che le dodici righe superstiti a f. 92r coincidano proprio con la parte finale del testo secondino e, nello specifico,

In quell'anno vi furono, dunque, degli *acta* «in civitate Tredentina in loco Anagnis», di cui Secondo *scripsit* nel giugno. Il pensiero corre subito ai fatti che videro impegnati, in data non accertata ma assai contigua agli estremi dati da Secondo, proprio «in loco Anagnis», il «comes Langobardorum de Lagare» Ragilo e il «*dux* Francorum» Chramnichis, il primo giunto a riconquistare e a saccheggiare il «castrum Anagnis», che si era consegnato ai Franchi, il secondo contrappostosi al primo «in campo Rotaliano» in un duro scontro che vide i Longobardi soccombere. I "fatti di Non", di per sé, a quanto sembra, di non grande rilevanza, posta anche la lateralità del teatro, ebbero comunque come evoluzione una scorribanda di Chramnichis a Trento, con la devastazione della città, e la successiva controffensiva del «Tridentinus dux» Euin, che batté e uccise il Franco a Salorno: «Expulsisque Francis, Tridentinum territorium recepit». Di tutto ciò, di quello che, in sostanza, dovette essere il primo scontro fra Franchi e Longobardi sul territorio italiano dopo l'*ingressus*, avvenuto peraltro durante l'"interregno" dei duchi longobardi, narra, ovviamente, Paolo Diacono nell'*Historia Langobardorum* (III 9), utilizzando, con forte probabilità, materiale secondino,[31] come poi farà in III 31, quando le armi si scontreranno con ben altra con-

con tutti gli estremi cronologici che l'autore ha inanellato per fissare una data (secondo una prassi, in vero, consolidata, come mostrano i possibili esempi paralleli di Cassiodoro, alla fine dei *Chronica*, di Vittore di Tunnuna, di Giovanni di Biclaro, di Isidoro di Siviglia), tanto più che il testo inizia con una maiuscola (*A principio*). Una seconda maiuscola è tuttavia presente anche a r. 8 (*Acta sunt*: una riproduzione fotografica del passo è in Quaresima, *Il frammento*, p. 73) e quindi il particolare non appare del tutto stringente; inoltre, l'indubitabile autonomia del passo potrebbe essere inserita come anello nella catena di casualità che legano il *fragmentum* al *codex Weingartensis*. A meno che non si voglia pensare a un *excerptum* destinato a esemplificare i vari metodi di datazione: anche in questo caso, tuttavia, che la scelta sia caduta proprio su un passo di Secondo non sarebbe meno eccezionale. Comunque, anche pensando a un testo esemplare, l'estraneità rispetto alla raccolta di collezioni canoniche non diminuisce, giacché in HB VI 113 non c'è altro di simile.

31. All'ipotesi che gli *acta* cui fa riferimento Secondo possano essere stati ripresi da HL III 9 sembra indirizzare pure la nota 2 di p. 97 dell'edizione Bethmann-Waitz. Che questi siano passati nell'*Historiola* e di qui a Paolo sembra pensare R. Cervani, *La fonte tridentina della Historia Langobardorum di Paolo Diacono*, in «Atti dell'Accademia roveretana degli Agiati», 236 (1986), p. 99. In generale sull'episodio si può rinviare, oltre che alla nota di Lidia Capo nel commento da lei curato dell'*Historia* (Paolo Diacono, *Storia*, pp. 464-465), a J. Jarnut, *Das Her-*

sistenza e violenza, incrociando in questo caso Secondo di Non con Gregorio di Tours. Se per noi, attualmente, Secondo di Non è una sinopia sulla quale Paolo Diacono ha tracciato parti del suo affresco della storia dei Longobardi, la possibile apparizione, ancora nell'area della Rezia, come per gli *Excerpta Sangallensia*, delle vestigia di un suo testo potrebbe essere dovuta, anche in questo caso, al disegno di interrelazione fra *historia* dei Longobardi e *historia* dei Franchi di cui s'era parlato in precedenza, sebbene in questo caso gli artefici siano meno facilmente individuabili.[32]

La memoria dei "fatti di Non" è cronologicamente compresa, in maniera esplicita, entro i vent'anni che precedono la fine del VI secolo, ma la *succincta historia* di Secondo doveva travalicare, di almeno un decennio, l'inizio del secolo successivo:[33] quel VII secolo che vide l'effettiva nascita, si potrebbe dire, di una tradizione storiografica longobarda. Le notevoli anticipazioni della storiografia franca cui s'era accennato, come nel caso di Gregorio di Tours, trovano dei limiti prospettici nel punto stesso di osservazione, per quanto esso sia da porre in una specola privilegiata, per rapporti immediati e futuri, non sempre evidenti, anche quando del materiale gregoriano si impossessò un anonimo (o più anonimi?) che si pensava di riscattare con il nome di "Fredegario",[34] con cui si vede apparire in contesto sicuramente franco materiale sull'*origo* dei Longobardi che caratterizza, per altro verso, quel testo di forte autocoscienza

---

zogtum Trient in Longobardischer Zeit, in «Atti dell'Accademia roveretana degli Agiati», 235 (1985), pp. 168-170, con opportuna contestualizzazione.

32. Senza con ciò voler stabilire rapporti necessari, appare utile richiamare alla memoria anche il caso, e l'esempio, di un altro testo storiografico marcatamente franco-longobardo, quale la cosiddetta *Adbreviatio historiae Langobardorum* di Andrea da Bergamo, testo scritto entro l'876, il cui testimone più antico, prodotto assai vicino all'ambito dell'autore, migrò dall'Italia a San Gallo pochissimo tempo dopo, e comunque entro la fine del IX secolo (sia permesso per la trasmissione rinviare a F. Lo Monaco, *Andreas Bergomas presb. Adbreviatio historiae Langobardorum*, in *La trasmissione dei testi latini del medioevo. Mediaeval Latin Texts and their Transmission*, a cura di P. Chiesa e L. Castaldi, vol. 1, Firenze 2004, pp. 24-27).

33. Per i contesti di elaborazione della *Historiola* e per un profilo di Secondo il necessario è in Mores, *Invasioni d'Italia*, pp. 256-271, e cfr. *infra*, p. 133 n. 28.

34. Un tentativo di riprendere *funditus* la questione di "Fredegario" è fatto da R. Collins, *Die Fredegar-Chroniken*, Hannover 2007, pp. 1-81.

che è l'*Origo gentis Langobardorum*.[35] Accanto all'*Origo* e al cosiddetto "Fredegario" (nonché all'ectoplasma di Secondo di Non),
il VII secolo è comunque anche il secolo dell'anonima (sebbene di-
chiaratamente autocosciente) *Continuatio Hauniensis* a Prospero,
ampliamento cronachistico variamente elaborato nel secondo quarto
del secolo, prodotto quasi sicuramente in Italia, come indica l'interesse per i fatti dei Longobardi, dall'*ingressus* al regno di Adaloaldo,
trattati con un'attenzione tale da aver indotto a ipotizzare una genesi
delle integrazioni in contesti non lontani dalla capitale del *regnum
Langobardorum*, se non addirittura coincidenti con essa.[36]

Lo stratificato e complesso testo della *Continuatio*[37] è giunto attraverso un apografo più tardo, e dalla storia non meno complessa

35. Per le interrelazioni fra l'*Origo* e "Fredegario" si veda il contributo di
Walter Pohl in questo volume.
36. L'assegnazione della *Continuatio* all'Italia è ipotesi già di Mommsen
(*Chronica minora*, vol. 1, p. 267). Roberto Cessi (*Studi sulle fonti dell'età gotica e
longobarda*. II, '*Prosperi continuatio Hauniensis*', in «Archivio Muratoriano», 22
(1922), pp. 585-641, p. 625) strinse il fuoco su Pavia. Nelle due tradizionali formule
di passaggio, l'una dal *Chronicon* di Girolamo alle aggiunte di Prospero d'Aquitania e quindi l'altra dagli *additamenta* di Prospero all'ulteriore *continuatio*, l'anonimo sottolinea la propria attenzione non solo nel registrare i fatti nuovi ma anche
nell'integrare i *chronica* precedenti sulla base di altre fonti: «Hucusque Hieronimus
ordinem precedentium digessit [*ex* digessi sunt *corr. man. saec. XV*] annorum: nunc
ea quae secuntur a viro religiosissimo Prospero ac eruditissimo addita subponuntur
pauca ex nostro adiuncta studio» (f. 33v) e quindi «Hucusque historiam perduxit
Prosper vir sanctus, licet aliqua nos eius operi quae ille omiserat ob cognitionem
praeteritorum seculorum miscuerimus: abhinc nostrum [noster *ms.*], utcumque po-
tuit [potuit *add. int. lin.*], studium desudavit» (f. 38v) (le formule di passaggio sono
anche in Mommsen, *Chronica minora*, vol. 1, p. 266).
37. La *Continuatio* gode di due edizioni moderne: per cura di Theodor
Mommsen, nei *Chronica minora*, vol. 1, pp. 267-271, 298-339, ove il testo è par-
cellizzato al fine di ricostruire i *Consularia Italica* (il materiale ritenuto estraneo
ai *Consularia* viene edito alle pp. 267-271 come *Additamenta codicis Hauniensis minora* e come *Laterculus pontificum Romanorum ex codice Hauniensi*: molti
additamenta rimangono tuttavia ancora inediti, come, d'altra parte, sottolineato
da Mommsen stesso); quindi per cura di Roberto Cessi, in '*Prosperi continuatio
Hauniensis*', pp. 629-641, ove il materiale sembra essere stato edito in maniera, si
potrebbe dire, più compatta, tuttavia solamente in apparenza, giacché nella ricostruzione di Cessi (animato da forti spiriti nazionalistici italiani e antigermanici: si
vedano in maniera esemplare le parole introduttive – quasi programmatiche – a '*I
Fasti Vindobonenses*', pp. 295-297), in quanto condizionata dall'idea di poter effettivamente individuare due diversi continuatori, uno *ad a. 523*, più accurato, ed uno

del testo che tramanda, conservato presso la Kongelige Bibliotek di Copenhagen, sotto la segnatura Gl.kgl. S. 454 fol.[38] Attualmente autonomi, racchiusi in una legatura moderna in cartone ricoperto di carta marmorizzata con costola in pelle, su cui sono le armi reali di Danimarca, i 42 fogli della raccolta cronachistica, composta dal *Chronicon* di Girolamo (ff. 1r-33v), dalla *continuatio* di Prospero di Aquitania (ff. 33v-38v) e infine dall'ulteriore *continuatio* anonima (ff. 38v-41v), esibiscono nel margine inferiore di f. 1r un *titulus* coevo alla realizzazione del manufatto (*Gesta Salvatoris cum cronicis*[39]), un tempo sormontato da un *ex libris*, quindi abraso in maniera tale da renderlo irrecuperabile e difficilmente databile, e nel margine superiore del medesimo foglio un secondo *ex libris*, più tardo, «Frid. Lindenbruch», vale a dire dell'erudito tedesco (amburghese) Friederich Lindenbruch o Lindenbrog (1573-1648),[40] tra altro editore, nel 1611, ad Amburgo, di *Diversarum gentium historiae antiquae scriptores tres* (Iordanes, Isidoro di Siviglia e Paolo Diacono). Prima di entrare nel patrimonio librario di Lindenbruch, il manoscritto aveva fatto parte di una raccolta manoscritta più ampia conservata in una grande biblioteca francese, e più precisamente parigina: del primo particolare è chiaro indizio una numerazione antica presente su tutti i fogli, la quale va dal 246 (= f. 1r) al 287 (= f. 42r); il secondo particolare è strettamente connesso al primo, giacché la mano che ha inserito la numerazione è stata da tem-

---

ad a. 641, decisamente meno preciso e più velleitario, spesso sono variati l'ordine dei fatti e la struttura narrativa (si veda Cessi, *'Prosperi continuatio Hauniensis'*, pp. 624-625, con anche la giustificazione dei pesanti interventi strutturali).

38. Una descrizione del codice è in E. Jorgensen, *Catalogus codicum Latinorum Medii Aevi Bibliothecae Regiae Hafnensis*, Kobenhavn 1926, p. 373, con la bibliografia pregressa.

39. Che questo *titulus* facesse riferimento a un insieme di testi di cui una parte sarebbero stati dei *Gesta Salvatoris*, perduti, e un'altra i *cronica*, come pare credere Mommsen (*Chronica minora*, vol. 1, p. 266), sembra poco probabile, giacché i *Gesta* porterebbero essere compresi di fatto nei *cronica* (oltretutto, stando al *titulus*, i *Gesta* avrebbero dovuto precedere i *cronica*).

40. Una sintetica scheda biografica di Lindenbruch è (curata da Carl Halm) nella *Allgemeine Deutsche Biographie*, vol. 18, Leipzig 1883, pp. 692-693. Buona parte dei manoscritti medievali di Lindenbruch passarono alla biblioteca del castello di Gottorf, nello Schleswig, e quindi furono acquistati dalla Biblioteca Reale di Danimarca nel 1735: cfr. E. Hrováth, *Friedrich Lindenbruch und die Gottorfer Bibliothek*, in *Die Bibliothek der Gottorfer Herzöge*, a cura di U. Kuder, H.-W. Stork, B. Tewes, Nordhausen 2008, pp. 65-78.

po identificata con quella di Claude de Grandrue, il bibliotecario di San Vittore di Parigi all'inzio del XVI secolo.[41] Dunque la *Continuatio Hauniensis* era, almeno all'altezza della foliazione del Grandrue, parte di un'originaria raccolta appartenente alla biblioteca vittorina e identificabile nel *codex* AAA 10 dell'inventario del 1514.[42]

Il soggiorno parigino può avere qualche relazione con le origini del manoscritto, rimaste, fino ad ora, oscure? Una datazione di Gl.kgl. S. 454 fol. al XII secolo (forse alla metà o, più probabilmente, al terzo quarto) è più che plausibile; meno immediata è la formulazione di una proposta di localizzazione e quindi l'individuazione dei contesti di riemersione di un testo che appare, si potrebbe dire, tanto caratterizzato.[43] Il codice è formato da cinque quaternioni e da un binione, senza alcun sistema di ordinamento, nel quale si susseguono due mani (ff. 1r-36v; ff. 37r-41v). In tutto il manoscritto è inoltre presente la mano di un postillatore, pressoché coevo alle mani che hanno vergato il testo, che talvolta integra e corregge. Un secondo postillatore, più tardo, assegnabile al XIV secolo, interviene più sporadicamente, anche se in maniera sostanziosa,[44] e inoltre aggiunge alcuni testi in fondo al manoscritto (ff. 41v-42v):[45] due blocchi di *dicta*, rispettivamente da Virgilio (f. 41vB) e da Sallustio (f. 42vB), i quali chiudono rispettivamente degli *excerpta* da fonti varie, con rielaborazioni del dettato, su Mario e Silla (f. 41vA: Val. Max. II 9, 10, 6 e IX 3, 8; Hier. *adv. Iovin.* I 48; Aug. *civ.* II 24;

---

41. Jorgensen, *Catalogus*, p. 373.

42. Una sezione della raccolta è stata individuata nell'attuale codice Gl. Kgl. S. 497 fol., sempre della Kongelige Bibliotek di Copenhagen, un esemplare, cartaceo, assegnabile al XV secolo, del *De bello Gallico* di Cesare, nel quale la numerazione della mano di Claude de Grandrue va da 154 a 242: si veda ancora Jorgensen, *Catalogus*, pp. 319 e 373, nonché *Les manuscrits de l'abbaye de Saint-Victor. Catalogue établi sur la base du répertoire de Claude de Grandrue (1514)*, a cura di G. Ouy, Turnhout 1999, pp. 433-435.

43. Mommsen (*Chronica minora*, vol. 1, p. 266) proponeva «saec. XII vel adeo XIII»; Cessi – che non dà la segnatura del codice – lo assegnava all'XI secolo (*'Prosperi continuatio Hauniensis'*, p. 587); Jorgensen, *Catalogus*, p. 373, lo data al XII secolo.

44. Le postille compaiono ai ff. 15r, 16r, 18r, 19r, 20v, scritte tuttavia con sanguigna e quindi, al momento, difficilmente leggibili a occhio nudo.

45. Segnalazione (tuttavia perfezionabile) già in Jorgensen, *Catalogus*, p. 373, che assegna la mano al secolo XIV.

Oros. V 19,1-20), preceduti da un esteso *titulus* «De Mario et Silla consulibus et de bello eorum civili cum hiis que habes de moribus eorundem a Salustio et ab Augustino, *De civitate Dei* lib. II cap. 23 et 24 et lib. III cap. 27ᵃ», nonché su Varrone (f. 41vB: Aug. *civ.* IV 31, VI 2), del quale viene riportato un nucleo consistente delle cosiddette *sententiae* (f. 41vB), e dall'altro *excerpta* (in non pochi casi parafrastici) dal *De situ orbis*, ovvero *Chorographia*, di Pomponio Mela, divisi in blocchi (I 106-II 14; II 16-21; III 26-56; III 61-II 126: f. 42rA-vB),[46] con l'aggiunta di alcuni passi sull'India (Mart. Cap. VI 694 e Oros. I 2, 13). Caratteristiche grafiche di questa mano, nonché ambiti di diffusione, sino al Trecento, di un testo quale il *De situ orbis* di Pomponio Mela fanno propendere per la Francia,[47] dove dunque sembrano svolgersi gli episodi biografici del testimone della *Continuatio* sin dal XIV secolo. L'area transalpina sembrerebbe essere il contesto più plausibile nell'ulteriore cammino a ritroso alla ricerca dell'identità del manoscritto di Copenhagen, giacché la prima delle due mani che agiscono nella confezione di esso mostra nette caratteristiche di un'educazione grafica a Nord delle Alpi (forse francese[48]), aspetto che porterebbe quindi ad ambientare in precisi contesti (geograficamente del tutto differenti rispetto a quelli che videro la preservazione degli *Excerpta Sangallensia* o del frammento di Secondo di Non) la conservazione del Prospero *auctus* con note cronachistiche attente alla storia dei Longobardi.

---

46. Al f. 42r, nel margine superiore, il *titulus*: «Pomponius Mela in libro de situ orbis»; quindi nel margine inferiore dello stesso foglio: «De fortunatis insulis»; a f. 42v, nel margine superiore: «De Gallia». Per la tradizione di Pomponio Mela si possono vedere: R.H. Rouse in *Text and Transmission. A Survey of the Latin Classics*, a cura di L.D. Reynolds, Oxford 1983, pp. 290-292; M.E. Milham, *Mela Pomponius*, in *Catalogus Translationum et Commentariorum*, a cura di F.E. Cranz e P.O. Kristeller, vol. 5, Washington D.C. 1984, pp. 257-262 (ove viene citato il manoscritto di Copehagen, a p. 261, ma in maniera sommaria); C.M. Gormley, M.A. Rouse, R.H. Rouse, *The Medieval Circulation of the* De Chorographia *of Pomponius Mela*, in «Mediaeval Studies», 46 (1984), pp. 266-320.

47. Vale la pena ricordare che Pomponio Mela doveva essere presente presso la biblioteca del monastero di San Vittore di Parigi: cfr. Rouse in *Texts and Transmission*, p. 292 e Gormley, Rouse, Rouse, *The medieval Circulation*, pp. 299-300.

48. Anche Jorgensen, *Catalogus*, p. 373, propone come provenienza la *Gallia*: è tuttavia difficile dire se l'ipotesi si basi su considerazioni paleografiche oppure sulla storia della conservazione del codice.

Se dai dati che riguardano la descrizione materiale e la storia della conservazione del codice di Copenhagen si passa a quelli testuali, il tardo apografo del XII secolo riesce – come aveva già intuito (in parte utilizzando alcuni degli spunti, sebbene in maniera un po' forzata) Cessi[49] – a consegnare delle informazioni preziose. Da parte di Mommsen, ma ancor di più da parte di Cessi, era stato notato come il testo della *Continuatio* apparisse lontano da una forma definitiva e anzi lasciasse in più punti intravvedere le suture di una non perfetta cucitura di fonti diverse, situazione che parrebbe essere stata ulteriormente complicata dalle difficoltà del copista del codice di Copenhagen nel decifrare il proprio antigrafo.[50] Ciò è probabile, tuttavia una riconsiderazione globale della *Continuatio* e l'auspicabile estrapolazione delle logiche a essa proprie potrebbero sia far ridefinire il tasso di coerenza della narrazione sia aprire aditi a ipotesi sulle vie di trasmissione del testo.[51]

Per fissare alcune tappe di questo percorso, conviene partire dall'opera di cui il nostro anonimo costruisce l'*auctio*: vale a dire la *continuatio* del *chronicon* di Girolamo organizzata da Prospero di Aquitania. Utilizzando il codice di Copenhagen (siglato *H*) per la propria edizione, Mommsen aveva messo in evidenza come «qui hunc [*sc. H*] librum scripsit *recensiones* duas usurpavit contaminavitque»:[52] l'analisi (e la collazione) di Mommsen dovrà essere rivista, giacché in taluni casi il filologo tedesco non distingue fra le lezioni dei copisti e quelle del primo postillatore,[53] e sebbene

---

49. Cessi, '*Prosperi continuatio Hauniensis*', p. 587.
50. Si vedano Mommsen, *Chornica minora*, vol. 1, pp. 266-267 e Cessi, '*Prosperi continuatio Hauniensis*', pp. 624-625.
51. Un giusto richiamo all'opportunità di analizzare il testo *iuxta sua propria principia*, anche considerando gli aspetti materiali della sua consèrvazione, è stato fatto di S. Muhlberger, *Heroic Kings and Unruly Generals: the "Copenhagen" Continuation of Prosper Reconsidered*, in «Florilegium», 6 (1984), pp. 50-94, in un articolo ricco per altro verso di ingenuità (alle pp. 72-94 viene offerta una traduzione in inglese della *Continuatio*, sulla base del testo edito da Mommsen). Un accostamento alla *Continuatio* non condizionato da interessi specifici di sostanziale manipolazione del testo (per cui cfr. qui n. 37) è possibile ancora attraverso l'*editio princeps* di Georg Hille (*Prosperi Aquitani chronici continuator Hauniensis*, Berlin 1866).
52. *Chornica minora*, vol. 1, p. 362.
53. Ad esempio, Mommsen registra (*Chronica minora*, vol. 1, p. 362) come tratto distintivo della contaminazione con la *recensio* A[tuv] (per cui cfr. *Chronica*

la contaminazione nel testo del Prospero di Copenhagen è più che probabile, tuttavia la contiguità di *H* appare maggiore con i manoscritti della prima *recensio* (vale a dire *M* e *Y*[54]), con i quali il codice di Copenhagen condivide, al c. 1191 del testo di Prospero, un ampliamento («ab Arbogaste comite» *MYHB*: «ab Arbogaste» *ceteri*) ulteriormente caratterizzato – e in maniera interessante, per la presente analisi – in *H* da una specificazione di origine («ex genere Francorum»), che Mommsen tratta come interpolazione, espungendola.[55] La *Continuatio* è stata da molti (e oramai lo è tradizionalmente) assegnata al 641, giacché in essa ricorre una datazione esplicita al trentesimo anno di regno di Eraclio.[56] Come noto, Mommsen sollevò delle perplessità sull'accettabilità della data, giacché le note cronachistiche si fermano di fatto al 625, alla deposizione di Adaloaldo, insinuando di conseguenza il dubbio che il 641 non fosse tanto l'estremo per fissare l'elaborazione della *Continuatio* quanto quello di copia dell'archetipo:[57] dubbio assai costruttivo, a dire il vero, poiché nel lasso cronologico che corre fra le due date del 625 e del 641 si potrebbe essere svolto qualche episodio non irrilevante per la storia della trasmissione del testo. Rimanendo nell'ambito delle notizie che riguardano la storia dei Longobardi, nella *Continuatio* si dà notizia dell'*invitatio* da parte di Narsete per l'*ingressus* in Italia di Alboino e della sua *gens*, dato che viene arricchito dall'ubicazione cronologica del fatto,[58] la quale è tuttavia registrata in un *mar-*

minora, vol. 1, pp. 358-362 e 376) l'interpolazione «Ab Urbe condita MCLXII» presente al c. 1230. Tuttavia l'interpolazione non si trova a testo, bensì in un'aggiunta marginale del postillatore *antiquior* di *H* (f. 34v).

54. Per i codici cfr. Mommsen, *Chronica minora*, vol. 1, pp. 354-358: si tratta di Firenze, Biblioteca Mediceo Laurenziana, Plut. 65. 35 (*M*) e di Limoges, Bibliothèque Municipale, 1 (*Y*).

55. Cfr. Mommsen, *Chronica minora*, vol. 1, p. 379 e p. 462. 1191. Il passo si trova a f. 34r del manoscritto di Copenhagen ed è a testo, di mano del copista.

56. Mommsen, *Chronica minora*, vol. 1, p. 339. 18; Cessi, *'Prosperi continuatio Hauniensis'*, p. 640 r. 33.

57. Per le obiezioni si veda *Chronica minora*, vol. 1, p. 267: Mommsen pensava, in sostanza, a un'interpolazione nel numero degli anni di regno di Eraclio («eiusmodi numeri cum passim reperiantur immutati a librariis maxime aequalibus»), giacché nella *Continuatio* il passo con la data è improntato a un passo di Isidoro (*Chronica minora*, vol. 2, Berolini 1894, p. 479, 414) in cui si dice «Heraclius dehinc quintum agit imperii annum».

58. Cfr. *Appendice* 7. 1.

ginale e non nel testo stesso della *Continuatio* (f. 40v), *marginale* che è tuttavia di mano del copista stesso, cosa che lascia pensare a un'identica ubicazione della nota anche nell'antigrafo del codice di Copenhagen. Diversa, ma funzionalmente significativa, è invece la situazione di un *notabile* a f. 35v del codice (in relazione a Prospero, c. 1301), attraverso il quale viene messo in evidenza, del dettato prosperiano, che «Brittones Pelagianiste et per sanctum Germanum ad fidem rediere correcti»: in questo caso la mano che verga il *notabile* è quella del postillatore *antiquior*, che rivela, attraverso il proprio interesse per san Germano di Auxerre, una, più che probabile, origine "francese".

Langobardi e *Franci* si alternano (anche cronologicamente) e si confrontano spesso nei fogli del Prospero *Hauniensis* e del suo continuatore, con una dialettica e un'alternanza che si ritrovano solamente, posto l'estremo cronologico del secondo quarto del VII secolo, in Gregorio di Tours e in "Fredegario".[59] Se dunque più indizi sembrano radicare in territori al di là delle Alpi il testo della *Continuatio*, a quale altezza cronologica si potrebbe porre il radicamento iniziale? Con ogni probabilità è da escludere la diretta elaborazione del testo in area franca: gli indizi italiani per il testo "del 625" sono troppo forti per essere facilmente accantonati. Si potrebbe invece pensare a un passaggio del testo di Prospero, con la mantissa dell'*auctarium*, dall'Italia alla "Francia" nel VII secolo, e forse anche in questo caso, come ipotizzato da Walter Pohl per il materiale sull'*origo* dei Longobardi presente in "Fredegario",[60] attraverso l'*entourage* di Gundeperga, figlia della *gloriosissima Theudelinda* (giusta la definizione della *Continuatio*[61]). Volendo spingersi più oltre, è forse possibile pensare che dall'Italia sia uscito il testo "del 625", elaborato negli ambiti di corte longobardi, decisamente attenti alla ricostruzione dell'*Historia Langobardorum*, forse dell'*historia* in generale, come il più volte citato

---

59. Anche da una semplice scorsa della tabella in *Appendice* emerge come siano "Fredegario", la *Continuatio Hauniesis* e Gregorio di Tours a trasmettere il maggior numero di notizie di storia longobarda nell'arco cronologico considerato nel presente contributo (con alcune intersezioni – come già notato – fra Gregorio e "Fredegario").

60. Si veda il contributo di Pohl in questo volume, pp. 115-116.

61. Mommsen, *Chornica minora*, vol. 1, p. 339. 15; Cessi, '*Prosperi continuatio Hauniensis*', p. 640, rr. 19-20.

caso di Secondo di Non sembra certificare,[62] e che il 641 sia già tappa in area merovingia, forse con ulteriori incrementi e caratterizzazioni, di un cammino e di uno stanziamento poi solamente transalpini.[63]

Se, a quanto pare, sono gli interessi legati alla costruzione di una memoria comune fra Longobardi e Franchi, la quale si sarebbe sostanziata (come ci ha fatto vedere Freculfo di Lisieux) in un *regnum* che vagheggiava un'unità quasi imperiale, a favorire la conservazione di frammenti di una storia dei Longobardi, nel percorso di questa memoria dai *Fasti* a "Fredegario" il vincolo politico, nel senso più lato del termine, tanto necessario quanto conflittuale, fra le due *gentes* appare dunque sempre più determinante per passare dalla sporadica presenza nei *chronica* alla fondazione di una *historia*.

62. Peraltro l'episodio nella *Continuatio* che vede coinvolti Gregorio Magno e Agilulfo (Mommsen, *Chronica minora*, vol. 1, p. 339.17 e Cessi, '*Prosperi continuatio Hauniensis*', p. 640, rr. 22-27) sembra avvicinare ulteriormente il testo alla corte di Teodelinda.

63. Quanto lungo e articolato sia stato poi questo cammino è, al momento, difficile dire e solo un'analitica riconsiderazione di tutte le vicende che vedono coinvolta la *Continuatio* e il manoscritto che la tramanda (come già sottolineato) potrà rendere più precisa la ricostruzione. Ad esempio, in un punto tradizionalmente critico del testo (cfr. Mommsen, *Chronica minora*, vol. 1, p. 266 e quindi pp. 305-311; Cessi, '*Prosperi continuatio Hauniensis*', pp. 587-588, 632-635; la migliore leggibilità del testo mi sembra comunque quella di Hille in *Prosperi Aquitani*, pp. 27-30), quale la cronaca dei fatti compresi fra il 457 e il 489, ove si registra l'assenza di dati che riguardano gli anni dal 458 al 474 e quindi una doppia redazione per i fatti compresi fra il 475 e il 489 (vale a dire quelli dalla deposizione di Romolo Augustolo all'avvento di Odoacre e all'intervento di Teoderico contro il re degli Eruli), cui se ne aggiunge (per gli anni dal 475 al 480) una terza in margine, la *facies* del codice di Copenhagen sembrerebbe rivelare alcuni particolari. Infatti, contrariamente a quanto pensava Cessi (*'Prosperi continuatio Hauniensis'*, p. 588), la giustapposizione delle due sequenze di note cronachistiche concernenti gli anni fra il 474/475 e il 489 non può essere assegnata al copista del codice di Copenhagen, ma deve essere situazione ereditata dall'antigrafo, al quale si deve probabilmente far risalire anche l'inserimento a testo del misterioso 'Ē' (lasciato come tale da Hille, *Prosperi Aquitani*, p. 27 e Mommsen, *Chronica minora*, vol. 1, p. 307; sciolto in 'est' preceduto da un <levatus> da Cessi, '*Prosperi continuatio Hauniensis*', p. 632, r. 18) prima di «Leo iunior in imperio apud Costantinopolim», antigrafo che difficilmente potrà tuttavia essere ascritto al VII secolo. La redazione marginale di una parte delle stesse note è invece fatto a sé stante e parrebbe assegnabile a data più avanzata e a contesti diversi rispetto a quelli che stanno alle spalle delle prime due serie (una delle due forse aggregata nel 641?).

Appendice*

Tabella degli avvenimenti e delle notizie che concernono la storia dei Longobardi presenti nella tradizione storiografica occidentale dai *Consularia* a "Fredegario".

Fonte	Avvenimenti / Notizie
1 *Consularia* (*CM* I pp. 274-339) *ES* = *Excerpta Sangallensia* *A* = *Agnellus Ravennas*	1. Ingresso in Italia (*ES* p. 335, 712) 2. Occupazione delle Venezie, depredazione della Tuscia, assedio di Pavia (*Ticinum*), passaggio dalla Tuscia a Roma, incendio di *Petra Pertusa*, edificazione (riedificazione?) di *Forum Cornelii* (*A* §§ 94, 95 p. 336) 3. Uccisione di Alboino (*ES* p. 336, 717; *A* § 96 p. 336) 4. Fuga di Rosamunda a Ravenna, con il tesoro dei Longobardi (*A* § 96, p. 336)
2 *Auct.* a Idazio Lemico (*CPL* 2263; *CM* II pp. 13-36)	1. Consegna dell'Italia ad Alboino da parte di Narsete (p. 36, 11-12)
3 Giovanni di Biclaro (*CPL* 2261; *CM* II pp. 211-220)	1. I Gepidi sono sconfitti in battaglia dai Longobardi (p. 212, 572. 1) 2. Uccisione di Alboino e sottrazione del tesoro da parte di Rosamunda (p. 213, 573. 1) 3. Totila sconfitto in battaglia dai Longobardi (p. 214, 576. 1) 4. *Lacrimabile bellum* dei Romani contro i Longobardi (p. 215, 578. 3) 5. Elezione a re di Autari e occupazione dell'Italia (p. 216, 581. 1) 6. Maurizio muove *per conductelam* i Franchi contro i Longobardi (p. 217, 584. 4) 7. Battaglia di Autari con i Romani e occupazione dell'Italia (p. 217, 586. 1) 8. I Romani sconfiggono i Longobardi con l'aiuto dei Franchi (p. 218, 587. 3)

* Abbreviazioni: *CM* = *Chronica minora saec. IV. V. VI. VII*, a cura di T. Mommsen, 3 voll., Berolini 1892-1898 (*M.G.H. Auctores antiquissimi*, IX, XI, XII); *CPL* = *Clavis Patrum Latinorum*, a cura di E. Dekkers, Turnhout 1995; GdT = Gregorio di Tours; *TE.TRA.* = *La trasmissione dei testi latini del Medioevo. Medieval Latin Texts and their Transmission*, a cura di P. Chiesa e L. Castaldi, vol. 1, Firenze 2004.

Fonte	Avvenimenti / Notizie
4 Mario di Avenches (*CPL* 2268; *CM* II pp. 232-239)	1. Ingresso in Italia (p. 238, 569) 2. Uccisione di Alboino e fuga di Rosamunda a Ravenna con il tesoro dei Longobardi (p. 238, 572) 3. Elezione a re di Clefi (p. 238, 573. 1) 4. Clefi viene ucciso *a puero suo* (p. 238, 574. 1) 5. Ingresso dei Longobardi *in Vallem* (Valais) e occupazione di *Clusae* (i.e. Gran San Bernardo?); battaglia '*in Baccis*' con i Franchi e sconfitta dei Longobardi (p. 239, 574. 2)
5 Isidoro di Siviglia (*CPL* 1205; *CM* II pp. 424-488)	1. I Gepidi sono annientati dai Longobardi (p. 476, 401c e Giovanni di Biclaro, *supra*, n° 3.1) 2. Narsete, per contrasti con Sofia Augusta, moglie di Giustino II, invita i Longobardi in Italia (p. 476, 402) 3. I Longobardi, cacciati i Romani, entrano in Italia (p. 477, 404[a] = B 259)
6 Gregorio di Tours (*TE.TRA.*, pp. 152-161; *Historia Francorum,* *M.G.H. SS. rer. Merov. 1. 1*)	1. Visegarda (figlia di Wacho) va in sposa a Teodeberto, figlio di Teoderico I (III 20) 2. Alboino prende in sposa Clodosinda (figlia di Clotario I) (IV 3) 3. Alboino entra in Italia e dopo sette anni ne prende possesso. Morta Clodosinda, il re prende un'altra donna in moglie, di cui poco tempo prima aveva ucciso il padre (Rosamunda), la quale trama contro di lui con l'aiuto di uno *ex famulis*, e lo fa uccidere. La donna cerca di fuggire con il complice, ma vengono catturati e uccisi. I Longobardi eleggono un altro re (Clefi) (IV 41) 4. I Longobardi compiono scorribande in Gallia, nell'area dei Burgundi. Il re dei Franchi invia contro di loro Mummolo, che li respinge dopo averne uccisi o catturati molti (IV 42) 5. Irruzione nelle Gallie da parte di tre *duces* Longobardi: Amo, Zaban e Rodano. Affrontati da Mummolo, vengono sconfitti e ricacciati in Italia (IV 44) 6. Possibile scorribanda dei Longobardi contro l'*urbs Nicensis* (Nizza) presentata come punizione per la *plaga* della *malitia* del *populus*. Arrivo dei Longobardi e fatto miracoloso che porta alla ritirata (VI 6)

Fonte	Avvenimenti / Notizie

7. Il re Childeberto II parte alla volta dell'Italia e i Longobardi allora promettono sottomissione ai Franchi nel timore di essere annientati (VI 42; cfr. IX 20)

8. I Longobardi chiedono a Childeberto II la sorella (Clodosinda) in sposa per il loro re (Autari); il re la promette, ma all'un tempo la offre anche ai Goti. Inoltre Childeberto si offre all'imperatore quale liberatore dell'Italia dai Longobardi. Organizza un esercito ed entra in Italia ma viene duramente sconfitto (IX 25)

9. I Longobardi devono fronteggiare un nuovo progetto di campagna di Childeberto II in Italia, scongiurata attraverso degli accordi (IX 29)

10. Campagna di Childeberto in Italia contro i Longobardi (X 3)

7 *Continuatio Prosperi Hauniensis* (cfr. p. 91, n. 37)

1. Narsete, per constrasti con Sofia Augusta, moglie di Giustino II, invita i Longobardi in Italia. Alboino, che si era sposato con Rosamunda, entra in Italia con i suoi. *Anno V Iusti[a]ni imperatoris* (*CM* I p. 337, 4)

2. Congiura di Rosamunda con la complicità di *Elmigisilo*, tramata due anni e dieci mesi dopo l'ingresso. Uccisione di Alboino e fuga di Rosamunda a Ravenna con il tesoro dei Longobardi. Loro cattura e uccisione (*CM* I pp. 337-338, 5)

3. Clefi re (per 1 anno e 6 mesi) (*CM* p. 338, 6)

4. Vacanza di re per dodici anni. Spedizione di Zafan, duca di Pavia, nelle Gallie; sua sconfitta e rientro in Italia (*CM* I p. 338, 7)

5. Autari re (per 6 anni e 6 mesi). Rivalsa contro i Franchi, i quali *intra Italiam diffusi populabantur*, e uccisione del *dux* franco Ollone (*CM* I p. 338, 8)

6. Stabilita la pace con i Franchi, Autari si unisce in matrimonio con Teodelinda, *de Baioariis* (*CM* I p. 338, 9)

7. Agilulfo, *qui et Ago*, re (per 25 anni) (*CM* p. 339, 14)

8. Agilulfo sposa la *gloriosissimam Theudelindam* (*CM* I p. 339, 15)

Fonte	Avvenimenti / Notizie
	9. Scontri di Agilulfo con i Romani e conquista di Cremona, *Brixillam* e Mantova (*CM* I p. 339, 16) 10. Assedio di Roma e incontro con papa Gregorio, che fa desistere il re dal proposito. Riconquista di Milano (*CM* I p. 339, 17) 11. Eleuterio viene inviato da Eraclio a proteggere le parti d'Italia non ancora in mano ai Longobardi (*CM* I p. 339, 21) 12. Eleuterio si scontra con Sundraurio e viene duramente battuto. I Romani diventano tributari dei Longobardi (*CM* I p. 339, 22) 13. A Milano muore Agilulfo e gli succede il figlio Adaloaldo; egli regna sotto la tutela della madre Teodelinda per dieci anni (*CM* I p. 339, 24)
8 *Liber pontificalis* (*CPL 1568*)	1. Narsete (che aveva dei dissapori con Sofia Augusta e Giustino II) scrive ai Longobardi chiedendo loro di entrare in Italia (LXIII – Giovanni III) 2. I Longobardi entrano in Italia e molte comunità si consegnano a loro per la carestia che era contemporaneamente scoppiata (LXIV – Benedetto I) 3. I Longobardi assediano Roma e devastano buona parte dell'Italia (LXV – Pelagio II) 4. Riconquista da parte di *Romanus* di città prima in possesso dei Longobardi: *Sutrio, Polimartie, Hortas, Tuder, Ameria, Perusia, Luciolis et alia multa* (LXVI – Gregorio I) 5. Pace fatta con i Longobardi (LXVII – Sabiniano) 6. Gisulfo in Campania e intervento di papa Giovanni di fronte alle depredazioni (LXXXVII – Giovanni VI) 7. Re Ariperto dona nuovamente al pontefice le Alpi Cozie (LXXXVIII – Giovanni VII)
9 "Fredegario" (*CPL 1314; M.G.H. SS. rer. Merov. 2*)	1. *Origo.* Narsete, in contrasto con Sofia Augusta, invita i Longobardi in Italia (*Filo filabo, de quem Iustinus imperator nec augusta ad caput venire non possit*). Ingresso dei Longobardi con Alboino. Alboino prende in moglie la figlia di Clotario I (Clodosinda); dopo la morte di questa, sposa un'altra donna, di cui prima aveva ucciso il padre (Rosamunda) (III 65; cfr. Gdt IV 41)

Fonte	Avvenimenti / Notizie

2. Rosamunda fa avvelenare Alboino. Da Verona fugge a Ravenna con il complice, ma i due vengono catturati e uccisi (III 66; cfr. GdT IV 41)

3. I Longobardi eleggono re Clefi. Scorribande nelle Gallie: scontri con Amato; morte di questo e successione di Mummolo (III 67; cfr. GdT IV 41-42)

4. Mummolo ricaccia i Longobardi in Italia, i quali subiscono numerose perdite. Dopo la morte di Clefi, sconfinano nelle Gallie i *duces* Amo, Zaban e Rodano. Mummolo li affronta e li sconfigge ricacciandoli. I *duces* Longobardi Taloardo e Nuccio entrano nel territorio *Sidonense*. Sono affrontati dai *duces* di Guntrammo, Violico e Teudofredo, vengono sconfitti e ricacciati (III 68; cfr. GdT IV 42, 44 e Mario di Avenches, *supra* n° 4. 5)

5. Il re Childeberto II parte alla volta dell'Italia e i Longobardi allora promettono sottomissione ai Franchi nel timore di essere annientati (III 92: cfr. GdT VI 42)

6. Ago (i.e. Agilulfo) eletto re dei Longobardi (IV 13)

7. Ago prende in sposa la sorella di Grimoaldo e Gundoaldo, Teodelinda, *ex genere Francorum*, che era stata fidanzata a Childerberto II; Gundoaldo segue la sorella in Italia accompagnandola al matrimonio con Ago. Gundoaldo sposa una nobile longobarda, dalla quale ha due figli: Gundeberto e Chairiberto (i.e. Aripert). Da Ago, figlio del re Autari, Teodelinda ha due figli: Adoaldo (i.e. Adaloaldo) e Gundoberga. Gundoaldo, era entrato nei favori dei Longobardi, viene ucciso dalla *factione* del re Ago e della regina Teodelinda (IV 34)

8. Notizie sulle vicende che hanno condotto i Longobardi a essere tributari dei Franchi per la somma di 12.000 solidi (IV 45)

9. Legazione di Eusebio, messo dell'imperatore Maurizio, ad Adaloaldo, che era divenuto re dei Longobardi, e proposta da parte di Eusebio di far uccidere tutta la nobiltà longobarda, cosa che l'avrebbe condotto alla reggenza dell'impero (IV 49)

Fonte	Avvenimenti / Notizie
	10. Congiura di Caroaldo (i.e. Arioaldo), *dux* di Torino, e cognato di Adaloaldo, contro il re. Uccisione di Adaloaldo. Arioaldo si impossessa del regno. Sollevamento di Taso, *unus ex ducebus Langobardorum* (IV 50)
	11. Vicende della regina Gundeberga (IV 51)
	12. Partecipazione dei Longobardi alla campagna dei Franchi *in Sclavos* (IV 68)
	13. Azioni di Arioaldo contro Taso, con la complicità del *patricius* Isacio. Morte di Arioaldo (IV 69)
	14. Ascesa al trono dei Longobardi di Crotario (i.e. Rotari) (IV 70)
	15. Gundeberga e Rotari. Conquiste e depredazioni di Rotari nella *Liguria* (IV 71)

WALTER POHL

Origo gentis Langobardorum

Che cosa può aver significato per i Longobardi *Origo gentis?* La
risposta sembrerebbe eccezionalmente semplice. L'*Origo gentis Langobardorum* (d'ora in avanti OgL) è un testo autonomo, relativamente
breve (l'edizione curata da Georg Waitz nei *Monumenta Germaniae
Historica* è contenuta in cinque pagine), che si apre con la migrazione
dei Winnili, guidati da Gambara e dai suoi figli, Ibor e Aio, dall'isola di Scadanan.[1] Alla descrizione delle lontane origini del popolo, fa
seguito la ben nota storia dell'*impositio nominis.* Il racconto procede
narrando di come i Vandali, sotto la guida di Ambri e Assi, volessero
imporre un tributo ai Winnili, e di come avendo ricevuto un rifiuto da
parte di questi, chiedessero a Wodan la vittoria nello scontro che si
andava paventando. Wodan rispose che avrebbe offerto la vittoria a
chi, per primo, avesse visto sul campo di battaglia. Gambara si rivolse
allora a Freyja, moglie di Wodan, che le consigliò di far giungere,
all'alba, sul campo insieme ai Winnili le loro donne e di far disporre
loro i capelli sul viso a mo' di barba. Al sorgere del sole, Freyja girò il
letto di Wodan in modo tale che il marito, aprendo gli occhi, guardasse
a Oriente. Visti i Winnili, chiese: «Qui sunt isti longibarbae?»; allora
Freyja: «Sicut dedisti nomen, da illis et victoriam». Così i Longobardi

1. *Origo gentis Langobardorum*, a cura di G. Waitz, in *M.G.H. Scriptores rerum Langobardicarum et Italicarum*, Hannover 1878 e *Origo gentis Langobardorum*, a cura di A. Bracciotti, Roma 1998: W. Pohl, *Origo gentis (Langobarden)*, in
Reallexikon der germanischen Altertumskunde, vol. 22, Berlin-New York 2003, pp.
183-188, e P. Delogu, *Kingship and the Shaping of the Lombard Body Politic*, in *The
Langobards before the Frankish Conquest. An Ethnographic Perspective*, a cura di G.
Ausenda, P. Delogu, Ch. Wickham, Woodbridge 2009, pp. 260-261.

ottennero il loro nome e la vittoria sui Vandali. Si diressero poi verso Golaida e quindi verso Anthaib, Bainaib e Burgundaib: là elessero Agilmund, figlio di Aio, a proprio re. Di questo racconto sulla nascita del nome e sulle origini si tornerà a parlare. Il testo dell'OgL prosegue mutando prospettiva. Dopo l'elenco dei quattro successori di Agilmund, si legge, infatti: «Illo tempore exivit rex Audoachari de Ravenna cum exercitu Alanorum, et venit in Rugilanda». La narrazione concerne l'attacco sferrato da Odoacre contro i Rugi, nel 487/488, e la susseguente migrazione dei Longobardi nel Rugiland: l'episodio marca l'ingresso dei Longobardi nel contesto politico tardoantico; segue una lista dei re Longobardi arricchita da alcune integrazioni di natura storiografica. È opportuno notare come spesso al nome di ciascun re siano affiancati quello della moglie (o delle mogli), assieme a quello dei figli e delle figlie nati da queste consorti. Il capitolo più ricco di dettagli è dedicato ad Alboino, il sovrano che nel 568 guidò i Longobardi in Italia e con particolare attenzione viene narrata la leggenda sull'assassinio del re, tramato dalla moglie, la gepida Rosamunda. La lista dei sovrani si chiude con Perctarit, che regnò dal 671 al 688.

Due dei tre manoscritti che tramandano questo testo consegnano anche il titolo *Origo gentis Langobardorum*. Nel manoscritto 4 della biblioteca del Monastero di Cava dei Tirreni, codice prodotto attorno al 1005, probabilmente a Montecassino,[2] si legge (f. 2v): «In nomine d(omi)ni n(ost)ri ih(es)u chr(ist)i. Incip(it) horigo gentis n(ost)re langobardoru(m)»; in un catalogo librario del Monastero di Cava, del 1263, l'intero manoscritto è registrato come *Orago* [sic] *Langobardorum* (e in effetti ad aprirlo è l'OgL). Infine, il codice 413 della Biblioteca Nacional di Madrid, originario di Bari e databile alla prima metà dell'XI secolo,[3] inizia con (f. 1v): «[In] nomine d(omi)ni. Incipit origo gentis Lan/[gob]-ardoru(m)». Tuttavia, nel testimone più antico della tradizione, il codice O. I. 2 della Biblioteca Capitolare di Modena, probabilmente databile al secolo IX avanzato, l'incipit dell'OgL (f.

---

2. W. Pohl, *Werkstätte der Erinnerung. Montecassino und die langobardische Vergangenheit*, Wien 2001.
    3. G. Cavallo, *Per l'origine e la data del Cod. Matrit. 413 delle Leges Langobardorum*, in *Studi di storia dell'arte in memoria di Mario Rotili*, Napoli 1984, pp. 135-142.

5v) non è più leggibile. Paolo Diacono, autore dell'*Historia Lango-bardorum* (d'ora in avanti HL), che in un'occasione fa riferimento esplicito all'OgL, non la ricorda con tale titolo ma come «prologum edicti, quem rex Rothari de Langobardorum legibus composuit»:[4] di fatto, i tre testimoni superstiti dell'OgL sono contenuti all'interno di manoscritti delle *Leges*, e tuttavia in forma ben distinta rispetto al *Pro-logus* dell'*Edictum*. Non è peraltro sicuro che l'autore (il continuato-re?) del testo, che operò nel VII secolo, all'epoca di Perctarit, l'abbia indicato come *Origo gentis*. Nel caso ciò fosse avvenuto, egli deve aver inteso la formula *Origo gentis* non come "mito" che prendesse le mosse dai tempi più remoti, ma piuttosto come narrazione storiografi-ca dalle origini fino alla sua contemporaneità.

La situazione si complica se si istituiscono dei rapporti con l'*Historia Langobardorum* di Paolo Diacono.[5] L'opera del dotto monaco originario di Cividale, conclusa sicuramente prima del 796 a Montecassino, si basa, per la compilazione del primo libro, an-che sull'OgL. La storia dell'*impositio nominis* viene ripresa pres-soché alla lettera, con alcune piccole, ma interessanti, variazioni. Successivamente, tuttavia, laddove l'OgL si limita a elencare (con pochissimi dettagli) la successione dei primi re, Paolo esibisce una serie di racconti, apparentemente di contenuto leggendario, sulla mi-grazione dei Longobardi che non troviamo nell'OgL. In Paolo leg-giamo che gli Assipitti, che rifiutavano ai Longobardi il passaggio sulle proprie terre, vennero terrorizzati dalla diceria che tra essi ci fossero dei cinocefali, guerrieri che erano soliti bere sangue umano (HL I 11). Successivamente, in un duello tra campioni, gli Assipitti vennero sconfitti e lo schiavo che guadagnò la vittoria ai Longo-bardi, ottenne la propria libertà (HL I 12). Per quel che riguarda il secondo re dei Longobardi, Lamissio, Paolo riferisce come la madre del sovrano, definita *meretrix*, l'avesse gettato in uno stagno, dove

4. Paolo Diacono, *Historia Langobardorum*, a cura di L. Bethmann e G. Waitz, *M.G.H.*, *Scriptores rerum Langobardicarum et Italicarum*, Hannover 1878, pp. 12-187, I 21.
5. W. Pohl, *Paulus Diaconus und die "Historia Langobardorum"*, in *Histo-riographie im Frühmittelalter*, a cura di A. Scharer e G. Scheibelreiter, Wien 1994, pp. 375-405, e Id., *Paolo Diacono e la costruzione dell'identità longobarda*, in *Pa-olo Diacono. Uno scrittore fra tradizione longobarda e rinnovamento carolingio*, a cura di P. Chiesa, Udine 2000, pp. 413-426.

il re Agilmund lo trovò, decidendo di prenderlo con sé. Quando, più tardi, le Amazzoni sbarravano ai Longobardi un guado che questi volevano attraversare, Lamissio ne sconfisse la più forte in un duello sul fiume garantendo il passaggio ai Longobardi (HL I 15). Una volta divenuto re, Lamissio condusse i Longobardi alla vittoria contro i Bulgari, per mano dei quali avevano subito ripetute sconfitte: anche in tale frangente i Longobardi ebbero numerosi schiavi tra le loro schiere, i quali ottennero la libertà in seguito alla vittoria (HL I 17). Dove Paolo abbia preso i racconti sullo scontro con gli Assipitti e sulla saga di Lamissio, non ci è dato sapere, ma che egli nutrisse delle comprensibili perplessità sulla veridicità della leggenda che riguarda le Amazzoni, lo sappiamo proprio da lui stesso («Constat sane, quia huius assertionis series minus veritate subnixa est» HL I 15). Theodor Mommsen aveva inizialmente avanzato l'ipotesi che l'*Historiola* di Secondo di Trento, conclusa attorno al 610, potesse esserne la fonte, giacché ad essa Paolo Diacono fa più volte riferimento: anzi, stando a Mommsen, l'OgL che è giunta fino a noi sarebbe addirittura da considerare un'epitome dell'*Historiola* di Secondo; ma quest'ipotesi venne demolita, con solide argomentazioni, già da Georg Waitz, non venendo accolta negli studi successivi.[6]

Ci sono dunque almeno tre possibilità diverse su cosa noi si possa intendere per *Origo gentis* parlando di Longobardi. In primo luogo ci si potrebbe attenere semplicemente al testo tràdito come OgL: questo si interrompe con Perctarit probabilmente per una ragione del tutto casuale, ma forse legata – come vorrei dimostrare più avanti – a interessi politici specifici per una fissazione scritta. In secondo luogo si potrebbe riflettere sulla redazione ampliata contenuta nell'opera di Paolo Diacono.[7] In questo contesto la cesura posta nel testo dell'OgL dalla guerra di Odoacre contro i Rugi e la

6. Th. Mommsen, *Die Quellen der Langobardengeschichte des Paulus Diaconus*, in «Neues Archiv», 5 (1880), pp. 51-103, e G. Waitz, *Zur Frage den Quellen der* Historia Langobardorum, in «Neues Archiv», 5 (1880), pp. 415-424.

7. A. Plassmann, *Origo gentis. Identitäts- und Legitimitätsstiftung in früh- und hochmittelalterlichen Herkunftserzählungen*, Berlin 2006, intende *origo gentis* in maniera ancora più ampia. Secondo l'autrice, la definizione ingloberebbe le intere opere storiografiche di autori come Paolo Diacono, Beda o Dudone. Questa percezione così ampia, tuttavia, non permette più di occuparsi delle origini, ma diviene storia della storiografia.

susseguente migrazione dei Longobardi verso il Rugiland appaiono molto più chiare (HL I 19). Da questo punto della narrazione Paolo ha, infatti, la possibilità di integrare il suo racconto con fonti tardo-antiche, a partire dalla *Vita Severini*. L'*Origo gentis* sarebbe in tal senso la parte non romana, la sezione della storia delle origini del popolo longobardo legata a fonti non facilmente valutabili, forse, anche a tradizioni orali, che tuttavia possono solo essere ipotizzate con grande cautela. È, ad esempio, indicativo che manchi completa-mente materiale onomastico pre-etnografico nei passaggi trasmessi solamente da Paolo, soprattutto nel racconto su Lamissio. Leggen-darie sono anche le ulteriori integrazioni del diacono: ad esempio, il racconto dell'assassinio di Alboino, come ha dimostrato Otto Gsch-wantler.[8] Anche in questo caso rimane indeterminato se il materiale appartenga a un originario mito d'origine. In terzo luogo ci si po-trebbe dunque limitare al racconto mitico delle primissime origini, così come incluso sia nell'OgL, sia nell'opera di Paolo Diacono. Ciò sarebbe tuttavia in contraddizione con la terminologia coeva al testo, che sotto la denominazione di OgL intendeva, come accennato, un breve racconto sulla storia dei Longobardi esteso fino alla contem-poraneità, o almeno fino all'epoca storica.

Una ricostruzione, attraverso la tradizione pervenutaci, di una redazione orale dell'OgL, precedente a quella scritta, autonoma e autentica, sembra, anche nel caso eccezionalmente favorevole dei Longobardi, alquanto ardua.[9] Appare difficile, ad esempio, determi-nare se ne faceva parte la saga di Lamissio. Karl Hauck, con parte della ricerca storiografica precedente (si veda l'articolo di Kemp Malone[10]), aveva letto nella figura della *meretrix* una rappresen-tazione di Freyja, divinità canina che, sebbene erroneamente rap-presentata da Paolo Diacono (appunto, come prostituta), costitu-irebbe traccia di un'antica leggenda vanica sulla discendenza dei

8. O. Gschwantler, *Die Heldensage von Alboin und Rosimund*, in *Festgabe Otto Höfler zum 75. Geburtstag*, a cura di H. Birkhan, Wien 1976, pp. 214-254.

9. Come ancora mantenuta, ad esempio, da S.M. Cingolani, *Le storie dei Lon-gobardi. Dall'Origine a Paolo Diacono*, Roma 1995. Una sintesi delle posizioni della storiografia fino agli anni Settanta del secolo scorso si trova in S. Gasparri, *La cultura tradizionale dei Longobardi. Strutture tribali e resistenze pagane*, Spoleto 1983.

10. K. Malone, *Agelmund and Lamicho*, in «American Journal of Philology», 47 (1926), pp. 319-346.

Longobardi, precedente al mito wodanistico.[11] Ma quale approccio metodologico si dovrebbe tenere oggi a fronte di queste grossolane speculazioni mitologiche?[12] Inoltre, era l'origine dalla Scandinavia parte del nucleo mitico primitivo, o si tratterebbe di un'integrazione posteriore, un *topos* analogo a quello utilizzato nella storia dei Goti, come pensava Rolf Hachmann?[13] Gli episodi legati ai cinocefali e le Amazzoni recano in sé indubbi tratti mitologici e vennero riferiti da Paolo Diacono – così come la storia di Wodan – con chiaro distacco evemeristico (che vi fossero tra i Longobardi dei cinocefali, nel suo testo lo affermano solamente loro stessi; inoltre, secondo il diacono, sulla base delle fonti classiche non era possibile che le Amazzoni vivessero in quelle aree). Lo scetticismo di Paolo parrebbe suggerire come si trattasse di una tradizione precedente, da lui solamente ripresa. Tuttavia, invece di autentiche *Lebensnormen und Kultmythen* (come pensava Hauck) le leggende delle Amazzoni e dei cinocefali costituivano erudite tradizioni etnografiche che nei secoli VIII e IX erano legate alla descrizione delle terre vicine al Mar Baltico, come attestato all'incirca nel medesimo periodo da Etico Istrico.[14] Inoltre, i paralleli biblici e romani con la saga del ritrovamento di Lamissio sono decisamente più evidenti di quelle con le ingiurie contro Freyja come cagna dell'*Althing* islandese del 999, da cui Hauck trae le proprie argomentazioni. Per quanto riguarda l'episodio dei Bulgari, sappiamo che il loro nome divenne noto in Occidente per la prima volta nel tardo V secolo e che solo nel VII inoltrato ottenne un signi-

---

11. K. Hauck, *Lebensnormen und Kultmythen in germanischen Stammes- und Herrschergenealogien*, in «Saeculum», 6 (1955), pp. 186-223.

12. H. Wolfram, *Einleitung oder Überlegungen zur Origo gentis*, in *Typen der Ethnogenese unter besonderer Berücksichtigung der Bayern*, a cura di H. Wolfram e W. Pohl, Wien 1990, pp. 19-34.

13. R. Hachmann, *Die Goten und Skandinavien*, Berlin 1970.

14. Aethicus Ister, *Cosmographia*, a cura di O. Prinz, *M.G.H. Quellen zur Geistesgeschichte*, vol. 14, München 1993: M. Herren, *The 'Cosmography' of Aethicus Ister. Speculations about its Date, Provenance and Audience*, in *Nova de Veteribus*, a cura di A. Bihrer e E. Stein, München 2004, pp. 79-102, I.N. Wood, *Aethicus Ister: An exercise in difference*, in *Grenze und Differenz im frühen Mittelalter*, a cura di W. Pohl e H. Reimitz, Wien 2000, pp. 197-208, e I.N. Wood, *Categorising the Cynocephali*, in *Ego Trouble. Authors and their Identities in the Early Middle Ages*, a cura di R. Corradini, M. Gillis, R. McKitterick, I. van Renswoude, Wien 2010, pp. 125-136.

ficato sovra regionale: si tratterebbe dunque di un'addizione tardiva che potrebbe aver sostituito la tradizione sugli Unni. Bisognerebbe quindi comprendere come esistesse un nucleo assai limitato di idee sull'origine dei Longobardi, al quale si aggiunse gradualmente altro materiale, soprattutto proveniente dalle tradizioni letterarie tardoantiche. Sulla base delle fonti superstiti non si riesce tuttavia a enucleare un singolo testo d'origine, che abbia resistito alla trasformazione letteraria, come invece pensava ancora Hermann Fröhlich.[15]

Rappresenta l'*Origo gentis* uno specifico genere letterario?[16] Anche l'OgL come testo tràdito in forma autonoma difficilmente costituisce una categoria propria. Difatti appare formato dall'intersezione fra un elenco di re con informazioni genealogiche, brevi narrazioni di tipo storiografico e passaggi di natura narrativo-leggendaria. Ciò vale anche per molte opere storiografiche dell'alto Medioevo, compresa quella di Paolo. Sicuramente la domanda che riguardava le origini di popoli ebbe nell'alto Medioevo come riposta una notevole massa di testi: dalla cosiddetta "Tavola delle nazioni" franca, passando per genealogie bibliche, *excursus* etnografici, le *Etimologie* di Isidoro di Siviglia, sino a giungere ai più articolati testi storiografici. Nel testo latino dell'OgL il linguaggio del mito è solamente mediato e conservato in maniera frammentaria, ma non necessariamente legato al racconto delle origini; si inserisce in passaggi di carattere letterario, etnografico e storiografico. L'OgL (come nel caso anche di altre *Origines gentium*) risponde a domande ricorrenti offrendo riposte di considerevole diversità formale, nonché complessità contenutistica che non offrono un accesso diretto a un mito canonizzato in fase preletteraria. Il termine *Origo gentis*, dunque, non presuppone dei confini di genere o gruppi di testi, quanto piuttosto determina l'insieme delle risposte scritte alle domande poste sulle origini di una *gens*.

Lo studio dell'*Origo gentis* si articola lungo due percorsi in sé quasi divergenti. Vi è, infatti, da un lato la ricerca delle origini, una domanda che corrisponde a quella dell'*Origo* stessa, via sulla quale

---

15. H. Fröhlich, *Zur Herkunft der Langobarden*, in «Quellen und Forschungen aus italienischen Archiven und Bibliotheken», 55/56 (1976), p. 8.

16. H.H. Anton, M. Becher, W. Pohl, H. Wolfram, I.N. Wood, *Origo gentis*, in *Reallexikon der germanischen Altertumskunde*, vol. 22, Berlin-New York 2003, pp. 174-210.

la moderna ricerca dei miti di origine si è mossa partendo dall'analisi stratigrafica dei testi, al fine di giungere alle origini accertabili più remote. Fin nel XX secolo inoltrato questa ricerca ha avuto uno scopo identitario e di legittimazione, e quindi ricopriva una cupa funzione di legittimazione nazionalistica. Una *forma mentis* questa che ancor oggi trova delle sensibilità e che quindi crea un certo imbarazzo nel parlare di origini nordiche del germanesimo o del wodanismo. D'altra parte la soluzione non può essere nemmeno quella di ignorare del tutto la profondità temporale delle *Origines gentium*, come proposto da Walter Goffart,[17] che ha intitolato un suo contributo in proposito: *Does the Distant Past Impinge on the Invasion Age Germans?*[18] La risposta di Goffart è, come prevedibile, negativa, ma il dibattito continua.

Occorre dunque scegliere un percorso inverso, indagando prima il contesto della fissazione e della diffusione dei testi superstiti.[19] Per quel che riguarda i Longobardi, ci sono ragioni fondate per questo approccio metodologico. È assodato che l'OgL nella forma edita è un testo rappresentativo della situazione del VII secolo, a cui venne assegnata una notevole autorità grazie al legame con le *Leges*. In sede storiografica il testo veniva integrato con i racconti trasmessi da Paolo e da questa base testuale si era cercato di risalire al sostrato germanico; ma un'attenta analisi della storia della trasmissione potrebbe sensibilmente modificare questo panorama.[20] In primo luogo la forma del testo dell'OgL non è così stabile come appare dall'edizione presente nei *Monumenta Germaniae Historica*. Sembra, infatti, chiaro che i copisti più tardi avessero difficoltà nel comprendere il testo, il che ha dato origine a numerose varianti: ad esempio i due manoscritti italomeridionali hanno al posto di *insula Scadanan* un *consul* con quel nome; al posto della città di *Opitergium* si trova *ubi Sergius*; il re di Turingi, Bisin, viene reso come Fisud, o

---

17. W. Goffart, *The Narrators of Barbarian History (A.D. 550-800): Jordanes, Gregory of Tours, Bede, and Paul the Deacon*, Princeton 1988.
    18. W. Goffart, *Does the Distant Past Impinge on the Invasion Age Germans?*, in *On Barbarian Identity. Critical Approaches to Ethnicity in the Early Middle Ages*, a cura di A. Gillett, Turnhout 2002, pp. 21-37.
    19. W. Pohl, *La costituzione di una memoria storica: il caso dei Longobardi*, in *Studi sulle società e le culture del medioevo per Girolamo Arnaldi*, a cura di L. Gatto e P. Supino Martini, Firenze 2002, pp. 563-580.
    20. Pohl, *Werkstätte der Erinnerung*.

con nomi simili. Va anche notato come Paolo accolga alcune lezioni di questo genere (per esempio il re franco Theudebald, diviene, nell'OgL, Scusuald, mentre Paolo esibisce Cusupald). La forma dei nomi attestati solamente nell'OgL appare quindi dubbia. In secondo luogo l'ufficialità del testo apparentemente determinata dall'essere in posizione di prologo rispetto alle *Leges* deve essere relativizzata sulla base della tradizione manoscritta, nonostante la testimonianza di Paolo. Solo in due manoscritti dell'*Edictum* – su di una dozzina – l'OgL è posta prima del testo delle leggi; nel manoscritto di Modena l'OgL è copiata in un fascicolo che si trova legato alla collezione giuridica di Lupo di Ferrières.[21] In terzo luogo, nessuno dei sovrani che succedettero a Perctarit incrementò l'elenco di re dell'OgL, nemmeno sovrani legislatori come Liutprando, Ratchis o Astolfo. Lupo di Ferrières, un intellettuale carolingio, fu il primo a cercare di porre rimedio a questa carenza, come mostra il manoscritto di Modena, nel quale vi è dapprima una versione dell'OgL che giunge fino al regno di Grimoaldo, quindi segue la lista di re dell'*Edictum Rothari* e infine è posta la genealogia di Rotari tratta dal prologo; vi è quindi una lista di re che inizia con «post Grimoald ut supra regnavit Pertari annis XVIII» e arriva fino a Carlo Magno, di cui sono indicati i quarant'anni quale *rex Langobardorum*.[22] Il codice di Modena non testimonia, come più volte sospettato, una prima redazione dell'*Origo* elaborata sotto Grimoaldo. Dunque l'OgL non constituiva un nucleo scritto, di natura ufficiale, sull'identità dei Longobardi, regolarmente attualizzato nell'ambito della corte regia.

In ultimo luogo non possono essere ignorate del tutto anche le altre versioni, per quanto periferiche e divergenti, sulla storia dell'origine e del nome. Tra di esse vi è, accanto alla *Historia Langobardorum Codicis Gothani*, databile attorno all'810 (trasmessa in un codice di Gotha insieme alla raccolta di leggi organizzata da Lupo),[23] anche la più antica versione nota sulla base della tradizione

---

21. O. Münsch, *Der Liber legum des Lupus von Ferrières*, Frankfurt am Main 2001, G. Russo, *Leggi longobarde nel codice O.I.2 della Biblioteca Capitolare di Modena*, in Id., *Scritti di storia del diritto e di storia della chiesa*, Milano 1983, pp. 33-48, e Pohl, *Werkstätte der Erinnerung*, pp. 122-129.
22. Modena, Archivio Diocesano, O.I.2, f. 7r-v.
23. *Historia Langobardorum codicis Gothani*, a cura di G. Waitz, in *M.G.H. Scriptores rerum Langobardicarum et Italicarum*, Hannover 1878, pp. 5-11.

manoscritta e contenuta nella cronaca del cosiddetto Fredegario (III
65, p. 110 Krusch), il cui codice più antico è databile attorno al 700.[24]
Nella cronaca di Fredegario la terra delle origini, la *Scathanavia*,
giace «inter Danuvium et mare Ocianum»; mentre, a confrontarsi
sul campo con i Longobardi, vi sono (invece dei Vandali) gli Unni, e
in seguito alla vittoria, i Longobardi mossero verso la Pannonia.

Tornando all'OgL, il fatto che fosse redatta in forma scritta
all'epoca di re Perctarit richiede una spiegazione. La serie dei sovrani termina con il ritorno sul trono di Perctarit dopo la morte di
Grimoaldo, il quale l'aveva, precedentemente, spinto in esilio. Che
l'OgL, nell'arco del lungo conflitto fra Grimoaldo e il suo prede-
cessore/successore Perctarit, assumesse una chiara valenza politica,
è ovvio. Entrambi i sovrani provenivano da famiglie che, in modi
diversi, facevano risalire le proprie origini a un periodo precedente all'ingresso dei Longobardi in Italia. Grimoaldo si ascriveva alla
discendenza del *nepos et strator* di Alboino Gisulfo (I), e quindi ai
duces del Friuli; una notizia assente dall'OgL e che si trova per la
prima volta nell'opera di Paolo Diacono. Anche per questo motivo è
improbabile una redazione scritta dell'OgL sotto Grimoaldo. D'altro
lato l'OgL parla di una discendenza di Perctarit dalla dinastia bavarese e quindi, per linea materna, da re Wacho e dai Letingi: Lethuc, il
capostipite della dinastia, è, dopo i mitici re Agilmund e Laiamicho,
il terzo in successione (OgL § 2, p. 2 Waitz); Walderada, figlia del
letingio Wacho, andò in sposa al duca bavarese Garibaldo (OgL § 6,
p. 5 Waitz); Gundoaldo, il fratello di Teodolinda, figlio di Garibaldo
e Walderada, divenne duca di Asti (OgL § 6, p. 5 Waitz); l'ultima a
essere ricordata è Gundeperga, figlia di Agilulfo e Teodolinda (OgL
§ 6, p. 5 Waitz), mentre il figlio (e non molto glorioso) successore di
Agilulfo, Adaloaldo, non viene citato nella redazione trasmessaci.[25]
Manca solo il ricordo che re Ariperto I era il figlio, e Perctarit nipote
di Gundoaldo di Asti. La compilazione in tal modo non appare come
un testo di propaganda, che dovesse pubblicamente legittimare Perc-

24. Paris, Bibliothèque nationale de France, lat. 10910: Fredegario, *Chroni-carum libri IIII cum continuationibus*, a cura di B. Krusch, in *M. G. H. Scriptores rerum Merovingicarum*, vol. 2, Hannover 1888, pp. 1-193.
25. *Origo gentis Langobardorum*, p. 118, con tutte le varianti testuali. Cfr. Pohl, *Paolo Diacono*.

tarit, ma piuttosto come uno strumento argomentativo utilizzato per dei contemporanei già informati.

All'incirca allo stesso periodo risale anche la redazione presente nel *Chronicon* di Fredegario (III 65, p. 110 Krusch), compilato dopo il 659.[26] Comprendere come la saga della migrazione possa aver raggiunto il cronista franco potrebbe forse aiutare a chiarire le circostanze del suo inserimento anche nell'OgL. Fredegario menziona prima di tutti, fra i suoi contemporanei nel regno longobardo, la regina Gundeperga, che, per la propria discendenza dalla casata bavarese, è presentata come *parens Francorum*, e descrive l'ingiusto trattamento riservatole dai due mariti, Arioaldo e Rotari. Più volte inviati franchi dovettero, infatti, intervenire a favore della regina, che, stando a Fredegario, li accolse sempre con cordialità.[27] Dunque appare ipotizzabile che la saga sulle origini sia giunta nel regno franco attraverso l'*entourage* di Gundeperga; ciò non è improbabile, giacché è attestato un interesse per la storia dei Longobardi anche da parte della madre della regina, vale a dire la regina Teodolinda. Teodolinda aveva, infatti, commissionato al suo consigliere Secondo di Trento l'*Historiola*: il testo – oggi perduto – che servì da fonte a Paolo Diacono. Da Paolo Diacono abbiamo notizia di come la regina avesse inoltre fatto affrescare nel suo palazzo di Monza «aliquid de Langobardorum gestis».[28] Le due regine incarnarono dunque, per quattro sovrani, una legittimazione dinastica, che risaliva addirittura all'epoca delle migrazioni, ma allo stesso tempo, data l'origine bavarese, esse erano percepite come straniere. Ne consegue che per loro, in tale situazione, ci poteva essere la preoccupazione di lasciare una traccia scritta sull'*Origo* dei Longobardi. Potremmo collegare alle due regine l'inconsueto interesse per il ruolo delle donne che troviamo nell'OgL, dove vengono regolarmente menzionate le mo-

26. Con accortezza Collins pone una data fra il 659 e il 714 e con maggior probabilità entro la prima metà di tale periodo: R. Collins, *Fredegar*, in *Authors of the Middle Ages. Historical and Theological Writers of the Latin West*, vol. 4, a cura di P. Geary, Aldershot 1996, p. 83.

27. Fredegario, *Chronicarum libri IIII cum continuationibus*, IV 51: «Gundepergam reginam, parentem Francorum»; ivi, IV, 70-71, dove l'inviato franco conosce Gundeperga «quam sepius in legationem veniens viderat, et ab ipse benigne semper susceptus fuerat». Cfr. HL IV 47.

28. HL IV 22.

gli dei re, e i figli e le figlie sono sistematicamente associati alle madri.[29] Troviamo pertanto tutti gli elementi di una genealogia femminile. Del tutto differente è la situazione nel catalogo dei re e nella genealogia di Rotari preposti all'*Edictum*, nei quali sono elencati solamente gli uomini.[30] Appare chiaro che ci si trova di fronte a due diverse concezioni della storia dei Longobardi. È dunque poco probabile che l'OgL sia originata nel medesimo contesto che vide la compilazione dell'*Editto* di Rotari.

Se superstite è solamente la forma dell'OgL che risale all'epoca di Perctarit, sembra comunque probabile che già Gundeperga avesse disposto per una prima redazione scritta, o almeno una raccolta di materiale. È meno probabile che già Secondo avesse raccolto il materiale per Teodolinda. Le notizie che sicuramente derivano da lui, attraverso la mediazione di Paolo Diacono, lasciano pensare che Secondo avesse trattato soprattutto il periodo successivo all'arrivo dei Longobardi in Italia.[31] Per la storia dei Longobardi in Pannonia, Paolo si basa infatti sull'OgL e non su Secondo.[32] Come detto, la forma giuntaci dell'OgL è legata a un contesto specifico, ma questo non significa che le regine della dinastia bavarese abbiano "inventato" l'OgL. La redazione scritta e la trasmissione non rispondono alla necessità della monarchia longobarda di tracciare e codificare la saga delle origini, quanto piuttosto a interessi più specifici di cui oggi rimangono scarse tracce evidenti.

La stessa cosa vale anche per i manoscritti dell'*Origo* che ci sono giunti. Il contesto della trasmissione è solo evidente nel Sud dell'Italia, da cui provengono ambedue i manoscritti di *Leges Lan-*

---

29. W. Pohl, *Gender and Ethnicity in the Early Middle Ages*, in *Gender in the Early Medieval World. East and West, 300-900*, a cura di L. Brubaker e J. Smith, Cambridge 2004, pp. 23-43.

30. Rotari, *Edictus*, a cura di F. Bluhme, in *M.G.H. Leges Langobardorum*, Hannover 1868, pp. 1-3.

31. Questa visione si è stabilizzata nella ricerca più recente: cfr., per esempio, R. Cervani *La fonte tridentina della Historia Langobardorum di Paolo Diacono*, in «Atti dell'Accademia roveretana degli Agiati», 236 (1986), pp. 97-103, e K. Gardiner, *Paul the Deacon and Secundus of Trento*, in *History and Historians in Late Antiquity*, a cura di B. Croke e A.M. Emmett, Sydney 1983, pp. 147-153. Si veda in generale R. Jacobi, *Die Quellen der Langobardengeschichte des Paulus Diaconus*, Halle 1877.

32. HL I 24.

gobardorum che hanno l'OgL in una posizione preminente all'inizio della raccolta giuridica. Tale era la posizione in cui anche Paolo la trovò quando raccoglieva le fonti per la sua storia a Montecassino. Si hanno inoltre anche altre testimonianze della sua sopravvivenza: nel *Chronicon Salernitanum*, redatto attorno al 974, c'è la storia di un certo Rampho, gastaldo di Conza, che militava nell'esercito di Grimoaldo IV *Stolesayz* di Benevento, il quale s'opponeva a pagare un tributo ai Franchi:

> Talia minime, domine mi, peragamus; meliusque multo est pugnando mori quam hic infelicius vivere. Numquid non plane, mi princeps, legisti, quomodo propriis edibus patres nostri liquerunt propter vectigalia, que Guandalis ab eis exposcebant?[33]

Quanto sostanzia la formulazione dell'auspicio risale all'*Origo* e non a Paolo. Inoltre è interessante notare il rinvio a un testo scritto (*legisti*), non a una tradizione orale.

Che significato ha quanto finora detto sul valore dell'OgL come fonte? Si deve concordare con Goffart che il passato remoto non avesse alcuna importanza per i Longobardi stanziatisi in Italia? Credo, al contrario, che gli argomenti qui esposti contraddicano l'ipotesi di Goffart, per cui il racconto delle origini avrebbe mero carattere letterario. L'OgL non fu, infatti, una creazione unicamente letteraria e neppure un semplice prodotto della propaganda regia: le redazioni scritte supersiti sono invece testimonianza di un diffuso interesse per l'origine dei Longobardi. Le registrazioni avvennero durante periodi di conflitti; inoltre sappiamo come si siano cercati vari modi per eliminare o depotenziare gli elementi pagani, come evidenzia il distacco che Paolo Diacono mostra con la formula di *ridicula fabula*. Le *Origines gentium*, inoltre, non hanno la struttura di racconti letterari in sé coerenti. Il fatto è assai evidente in Iordanes, che incrocia e fonde elementi provenienti da una saga delle origini sullo stanziamento dei Goti sul Mar Baltico con quelli di un racconto etnografico più coerente sulla loro origine scitica. Non meno contraddittoria è la mescidanza troiano-pannonico-renano-frisona dell'origine franca che ritroviamo in Fredegario. La costruzione dell'OgL è invece so-

---

33. *Chronicon Salernitanum*, a cura di U. Westerbergh, Lund 1956, 30.

stanzialmente consequenziale, ma, anche in questo contesto, si trovano tracce evidenti di elementi imbarazzanti ma irrinunciabili, di versioni alternative e interessi specifici. Non si tratta semplicemente di "tradizioni inventate", perché dei Longobardi c'è attestazione fin dalla prima epoca imperiale, quando, con ogni probabilità, erano stanziati attorno al basso corso dell'Elba.

Questo certamente non significa che l'OgL possa essere utilizzata in maniera semplicistica come una narrazione storiografica, cosa avvenuta fino a poco tempo fa.[34] Il cercare di creare delle relazioni tra i toponimi dell'OgL e regioni vicine all'Elba può, tuttavia, facilmente condurre a un argomento circolare. L'OgL menziona, dopo l'isola Scadanan (da dove prende avvio la migrazione dopo lo scontro con i Vandali), Golaida, e quindi Anthaib, Bainaib e Burgundaib. In Paolo Diacono, dopo l'esodo dalla Scandinavia (in questo caso la migrazione è posta prima dello scontro con i Vandali), vengono ricordate anche Scoringa e Mauringa. Questi nomi sono sicuramente pre-etnografici e possono dipendere da tradizioni orali; ma restano gravati da difficoltà interpretative. Le identificazioni di questi toponimi, così come le interpretazioni etniche nei ritrovamenti archeologici, basandosi su informazioni geografiche della prima epoca imperiale, rischiano, come ho detto, di innescare circoli viziosi. La triade dell'*Origo* costituita da Anthaib, Bainaib e Burgundaib rimanda agli etnonimi degli Anti, dei Bavari e dei Burgundi: tra di essi i primi due nomi sono attestati unicamente a partire dal VI secolo. Non è dunque possibile fissare luoghi e cronologia della migrazione dei Longobardi. Presso i Longobardi d'Italia appare assente anche quella conoscenza etnografica che invece, grazie a una serie di contatti diplomatici, aveva permesso alla corte ostrogota di Ravenna la creazione dell'immagine della terra d'origine sulle sponde del Mar Baltico. Gli *excursus* etnografici di Paolo Diacono non possono essere in questo caso di nessun aiuto. I tre nomi poco sopra ricordati erano sconosciuti allo storico, perché annota: «quae nos arbitrari possumus esse vocabula pago-

---

34. Fröhlich, *Zur Herkunft der Langobarden*, e W. Pohl, *Migration und Ethnogenese der Langobarden aus Sicht der Schriftquellen*, in *Kulturwandel in Mitteleuropa. Langobarden-Awaren-Slawen*, a cura di J. Bemmann e M. Schmauder, Bonn 2008, pp. 1-12.

rum seu quorumcumque locorum» (HL I 13). Nonostante generazioni di studi sui toponimi e sugli etnonimi, non siamo riusciti a
procedere molto oltre. Ne consegue, per tanto, che la storia della
progressiva migrazione longobarda è possibile unicamente come
retrospezione, sia nell'*Origo* sia nei moderni studi storici, e copre
numerose rotture; occorre infatti tener presente come i Longobardi
spariscano completamente da tutte le fonti dall'anno 166, quando
furono menzionati nel corso delle guerre marcomanniche, fino alle
loro ricomparsa nel Norico e la Pannonia intorno al 500.

Se non possiamo ricostituire il tragitto della migrazione dei
Longobardi dal basso Elba alla Pannonia, che è alla base dell'OgL,
sarebbe possibile, invece, interpretare il racconto della migrazione come l'espressione di un'evoluzione culturale e sociale? Karl
Hauck, ad esempio, ha sottolineato la natura di "storia sacra" che
si celerebbe dietro la narrazione.[35] Si tratta di una modalità interpretativa, questa, che, dopo le esagerazioni delle passate generazioni,
deve essere trattata con estrema cautela. Se la menzione di Wodan
e di Freyja innegabilmente rimanda al sostrato pagano della religione germanica, i paralleli nordici, che potrebbero rivelare un'origine
scandinava del mito, sono, d'altra parte, spesso problematici. Ad
esempio a partire dal XIX secolo si è consolidata l'interpretazione
che *Langbart* fosse, nella saga, un appellativo di Odino. Però, Robert
Nedoma ha dimostrato come le fonti sulle quali si basi tale ipotesi,
due manoscritti della *Snorra Edda* risalenti al XIV/XV secolo in cui
Odino è chiamato *langbardr*, citino dal canto loro il testo di Paolo
Diacono.[36] Rimane il motivo che Wodan, ingannato da Freyja, dà
la vittoria e il nome, e quindi qualche spazio per un'interpretazione
storico-religiosa del mito.[37]

Più consistente è l'importante ruolo giocato dalle donne, che nei
racconti sulla migrazione dei Longobardi comunque finiscono spes-

35. Hauck, *Lebensnormen und Kultmythen in germanischen Stammes- und
Herrschergenealogien*, p. 219.
36. R. Nedoma, *Der Name der Langobarden*, in «Die Sprache», 37/1
(1995/1997), pp. 99-104, e Id., *Der altisländische Odinsname langbardr: ,Lang-
bart' und die Langobarden*, in *Die Langobarden. Herrschaft und Identität*, a cura
di W. Pohl e P. Erhart, Wien 2005, pp. 439-444.
37. H. Beck, D. Ellmers, K. Schier, *Germanische Religionsgeschichte. Quellen
und Quellenprobleme*, Berlin-New York 1992.

so sconfitte alla fine.[38] Tali storie si trovano soprattutto nell'opera di Paolo Diacono. Eccezionalmente, l'OgL longobarda non inizia con il ricordo di un re o di un eroe eponimo, ma in apertura c'è la saggia Gambara, madre dei principi Ibor e Aio, e nonna del primo re Agilmund. Secondo l'OgL Gambara regnò (*principatum tenebat*) assieme ai figli, mentre, stando a Paolo (HL I 13), era solamente *ducum mater* e saggia consigliera. La ricerca di aiuto da parte di Gambara presso Freyja si dimostra più efficace della preghiera dei Vandali a Wodan, e sono proprio le donne, vestite da uomini sul campo di battaglia, ad essere i veri *Longibarbae*. La vittoria, tuttavia, inaugura un periodo di dominio maschile. Anche la saga di Lamissio tematizza il superamento di influssi femminili: Lamissio, abbandonato dalla madre, viene ritrovato e raccolto da Agilmund; durante lo scontro nell'acqua egli supera la più forte fra le Amazzoni e così ottiene per i suoi Longobardi la possibilità del guado. Questo motivo del potere femminile appare assai arcaico, ma può veramente essere prova dell'antichità del mito? Potrebbe addirittura essere un ricordo del superamento di un originale matriarcato da parte dei Winnili? L'importanza e la popolarità del motivo delle Amazzoni nelle culture antiche incoraggia piuttosto a pensare che appunto la maschilità del potere e dell'identità longobarda (con un nome che si collegava alla barba dei maschi) richiedessero una spiegazione simbolica.[39] Questo può essere avvenuto in un periodo che mostrava interesse per queste tematiche: quando, ad esempio, Teodolinda e Gundeperga incarnavano la legittimazione dinastica. Resta il fatto che questi motivi mitologici, nei quali trovavano espressione temi così fondamentali, erano più antichi dell'OgL, e una nuova ricerca di storia religiosa che non parta dall'ipotesi di un'origine nordica sarebbe senz'altro auspicabile.

Come risultato delle considerazioni qui esposte, rimane aperto molto di ciò che alcuni decenni fa sembrava già chiarito. La grande immagine della tradizione germanica del Nord, il contesto considerato appropriato per l'indagine sulle *Origines gentium*, è oggi venuta meno. Ancora il lemma *Abstammungstraditionen* curato da Otto Höfler nel primo volume del *Reallexikon der Germanischen Altertumskunde* distingueva fortemente tra tradizioni germaniche

---

38. Pohl, *Gender and Ethnicity in the Early Middle Ages.*
39. *Ibidem.*

"autentiche" e altre, considerate dotte speculazioni, come, ad esempio, la saga sull'origine troiana dei Franchi. Si intendeva, dunque, la redazione scritta latina della OgL e di testi simili come originata da tradizioni orali: quei *carmina antiqua*, di cui parlava Tacito.[40] In tale direzione si era mosso anche Reinhard Wenskus, che tuttavia fece un passo in avanti decisivo, insistendo sul fatto che anche la presunta origine macedone dei Sassoni doveva essere considerata seriamente.[41] Al contrario, Susan Reynolds ha cercato la nascita delle *Origines gentium* «not in popular traditions, but in the desire of learned clerics both to find honourable origins for their own peoples and to make sense of the contemporary world in the light of classical and Christian learning».[42] A me sembra che sia la posizione che insiste sul carattere autentico e germanico della OgL, sia quella che la considera come pura finzione letteraria ed erudita, siano troppo semplicistiche. Proprio la tensione fra rappresentazioni delle origini di tradizione orale e la loro formulazione letteraria, attuata da dotti che scrivevano in latino, è tratto caratteristico delle *Origines gentium*.

Queste tradizioni, con tutte le loro varianti solo parzialmente emergenti, potevano avere un'importante funzione identitaria.[43] Come fonte per l'autocoscienza e per il rapporto con il passato l'OgL è di qualche rilievo per i Longobardi d'Italia: «the distant past was useful for the Lombards», per dirla in maniera un po' diversa da Goffart. Ma era un passato che si costruiva per il presente. Quale fonte per questo *distant past*, l'OgL è più difficile da utilizzare di quanto si è ritenuto. Se i Longobardi provenissero davvero dalla Scandinavia e se lungo il loro cammino si siano scontrati con Vandali o Unni e con quali riti abbiano adorato la madre degli dei o si siano dedicati a Wodan, è impossibile dire con certezza. Quanto a lungo tuttavia le tracce di ciò siano rimaste nell'Italia cristiana, è cosa sufficientemente considerevole.

40. K. Hauck, *Carmina antiqua. Abstammungsglaube und Stammesbewußtsein*, in «Zeitschrift für bayerische Landesgeschichte», 27 (1964), pp. 24ss.
41. R. Wenskus, *Sachsen-Angelsachsen-Thüringer*, in *Entstehung und Verfassung des Sachsenstammes*, a cura di W. Lammers, Darmstadt 1967, pp. 483-545.
42. S. Reynolds, *Medieval Origines Gentium and the Community of the Realm*, in «History» 68 (1983), p. 375.
43. W. Pohl, *Geschichte und Identität im Langobardenreich*, in *Die Langobarden*, pp. 555-566.

FRANCESCO MORES

Come lavorava Paolo Diacono

La storia dei Longobardi è legata da un filo robusto all'*Historia Langobardorum* di Paolo Diacono. Non si tratta – poiché *Historia Langobardorum* significa *Storia dei Longobardi* – di un'identità che si arresta alla pura enunciazione. Composta alla fine dell'VIII secolo, la *Storia dei Longobardi* è sempre stata *la* fonte alla quale attingere per conoscere la storia di un popolo che Tacito definì piccolo, ma valoroso in battaglia contro qualsiasi nemico.[1]

Tacito scrisse sullo scorcio del I secolo dell'era volgare; Paolo settecento anni più tardi, alla fine dell'VIII secolo; gli eventi narrati dall'autore della *Storia dei Longobardi*, salvo il periodo mitico della migrazione fino alla penisola italiana, si collocano tra il V e la prima metà dell'VIII secolo: basta una semplice enumerazione a mettere in guardia da ogni tentativo di combinare tra loro notizie che si vorrebbero complementari, tratte da contesti affatto diversi.

Il rifiuto del metodo combinatorio è alla base dell'esperimento di lettura che presento. Partirò da una delle interpretazioni più note dell'*Historia Langobardorum* e la leggerò lentamente, cercando di fare lo stesso per uno dei passi più oscuri della *Storia dei Longobardi*.

Non sembra esserci nulla di casuale nel fatto che la più recente e autorevole voce biografica e bibliografica dedicata alla vita e all'opera di Paolo Diacono si concluda con un accenno a uno dei più notevoli esperimenti di lettura dell'*Historia Langobardorum*

---

1. Tacito, *Germania*, a cura di J. Perret, Paris 1949, 40.

nel Novecento.[2] La *Storia dei Longobardi* fu anche «un mito per sopravvivere». La definizione rinviava all'omonimo contributo di Gustavo Vinay, apparso nel 1978 nel volume *Alto medioevo latino. Conversazioni e no*,[3] e non era priva di implicazioni: era folgorante, forse precisa, ma non nasceva dal nulla; era frutto di una lunga consuetudine con l'autore e la sua opera iniziata trent'anni prima. Tra il 1949 e il 1950, quando Jorge Luis Borges pubblicò la sua *Storia del guerriero e della prigioniera* e Gustavo Vinay un saggio su *Paolo Diacono e la poesia*, una certa idea della "barbarie longobarda" era patrimonio comune in contesti e continenti diversi. Ecco come Borges descrisse il "suo" longobardo:

> Attraverso un'oscura geografia di selve e paludi, le guerre lo portarono in Italia, dalle rive del Danubio e dell'Elba; forse non sapeva che andava al Sud e forse non sapeva che guerreggiava contro il nome romano. Forse professava l'arianesimo, che sostiene che la gloria del Figlio è un riflesso della gloria del Padre, ma è più verisimile immaginarlo devoto alla Terra, di Hertha, il cui simulacro velato andava di capanna in capanna su un carro tirato da vacche, o degli dèi della guerra e del tuono, che erano rozze immagini di legno, avvolte in stoffe e cariche di monete e cerchi di metallo. Veniva dalle selve inestricabili del cinghiale e dell'uro, era bianco, coraggioso, innocente, crudele, leale al suo capo e alla sua tribù, non all'universo.[4]

Ed ecco la descrizione di Vinay dei guerrieri che occuparono parte della penisola italiana:

> La verità è che i guerrieri di Clodoveo e di Alboino, affacciatisi alla luce esausta della civiltà latina, portando negli occhi il verde cupo delle foreste e nel cuore una cupidigia millenaria, per quanto turgidi di ricordi e di sogni, sono la negazione dell'arte.[5]

---

2. W. Pohl, *Paulus Diaconus*, in *Reallexikon der germanischen Altertumskunde*, vol. 22, Berlin-New York 2003, p. 531.

3. *Un mito per sopravvivere: l'*Historia Langobardorum *di Paolo Diacono*, in G. Vinay, *Altomedioevo latino. Conversazioni e no*, Napoli 1978, pp. 125-149, poi in Id., *Peccato che non leggessero Lucrezio*, a cura di C. Leonardi, Spoleto 1989, pp. 97-122 (da cui citerò), e infine Id., *Alto medioevo latino. Conversazioni e no*, a cura di I. Pagani e M. Oldoni, Napoli 2003, pp. 107-129.

4. *Storia del guerriero e della prigioniera*, in J.L. Borges, *L'aleph*, Milano 2009, pp. 46-51; la citazione ivi, p. 47.

5. G. Vinay, *Paolo Diacono e la poesia*, in «Convivium», 1 (1950), p. 97.

Le analogie sono evidenti. Scorrendo il saggio di Vinay – e dunque il punto di vista, la *verità* dello studioso – è possibile contabilizzarne altre. I Longobardi di Vinay erano Germani «sfuggiti all'amplesso della terra dura», ed erano «forti e sani, di una bellezza tutta carne e muscoli, con una mentalità a bianco e nero».[6] Conservando «nei riposti meandri del loro spirito le tracce della terra umida»,[7] essi erano coloro che, più o meno consapevolmente, avevano tenuta *prigioniera* la poesia, finché un longobardo l'aveva liberata: il *guerriero* Droctulf secondo Borges, il *poeta* Paolo per Vinay.

Non intendo suggerire che Gustavo Vinay scrisse il ritratto di Paolo poeta sotto l'influsso del racconto di Jorge Luis Borges,[8] ma è innegabile che la fonte di Borges – Benedetto Croce – e il problema di Vinay siano molto vicini e siano qualcosa di più di semplici analogie. Come ho fatto poco sopra, possiamo evocare un patrimonio comune, in contesti e continenti diversi, a patto di porci le domande giuste, non in termini di "fonti", bensì di "problemi".

Il problema di Croce posto di fronte a Paolo Diacono è riassunto in una postilla scritta nel febbraio del 1936:

Mi piacerebbe andare notando, per offrirne esempi, la poesia che alza il capo dove meno si aspetterebbe. Era un tempo in San Vitale di Ravenna l'epitaffio (serbatoci da Paolo Diacono) di un alemanno Droctulf, che aveva abbandonato i Longobardi per difendere contro di loro quella città. L'epitaffio versificato conteneva un attestato di gratitudine per quell'uomo, che aveva sacrificato l'affetto per i suoi cari alla nuova patria («contempsit caros, dum nos amat ille, parentes, – hanc patriam reputans esse, Ravenna, suam»). Ma nel dettare questi distici, l'ignoto autore a un tratto è preso da una visione lirico-epica del personaggio, e in pochi colpi lo scolpisce nella sua fisica possanza e nella

6. Ivi, p. 105.
7. Ivi, p. 109.
8. Oltre a Paolo Diacono, Borges e Vinay condividevano almeno un'altra passione letteraria: il romanzo *Don Segundo Sombra* (1926) di Ricardo Güiraldes, capolavoro della letteratura argentina gauchesca, amato da Borges – Borges, *Obras completas*, vol. 4, *(1975-1988)*, p. 69 – e utilizzato da Vinay nei suoi *Pretesti della memoria per un maestro*, Spoleto 1993 [ma 1967] (pp. 24, 26 e 59; la citazione seguente a p. 24) così: «Don Segundo Sombra, il vecchio gaucho [Giorgio Falco, il *maestro* dei *Pretesti*], quando il giovane [Gustavo Vinay] che ha fatto gaucho e uomo insieme gli dice papà, si inquieta e deve partire prima di essere diventato un altro».

sua particolare maestà e umanità di barbaro: «Terribilis visu facies, sed mente benignus, longaque robusto pectore barba fuit!».[9]

La postilla di Benedetto Croce fu nel 1949 una delle fonti della *Storia del guerriero e della prigioniera*; senza esserne una fonte, poneva il medesimo problema affrontato da Gustavo Vinay nel 1950 in *Paolo Diacono e la poesia*: perché la poesia alza il capo dove meno si aspetterebbe? Qual è il posto di Paolo nella storia della letteratura mediolatina?

Da un punto di vista formale e ideale – a tali aggettivi Vinay ricorse nel 1967 per descrivere la sua esperienza di lettore di Croce[10] – gli esordi e le conclusioni del saggio apparso nel 1950 risposero alle domande appena formulate: Paolo era «un figlio della barbarie che, rifatto uomo pensante e cosciente dalla cultura», seppe ritrovare «l'amore del sogno e la capacità ad esprimere, in forme fantastiche, se non sempre poetiche, il tormento di un mondo inquieto»; così facendo, «egli risolveva e superava nella sua persona il problema della fusione tra germanesimo e romanità».[11]

Definizioni della *Storia dei Longobardi* come «storia della barbarie europea», «miracolo»,[12] sembrerebbero rafforzare le risposte date da Vinay a un problema sentito anche da Croce. Sennonché *Paolo Diacono e la poesia* conteneva anche altro, al di là del problema più o meno crociano del rapporto tra poesia e non poesia.

È (o dovrebbe essere) ovvio rilevare che il rapporto tra poesia e non poesia non era un problema di Paolo Diacono; meno ovvio è interrogarsi su come e dove Paolo acquisì gli strumenti che gli permisero di dare forma alla propria immaginazione. Su dove egli ne fosse entrato in possesso Gustavo Vinay aveva le idee molto chiare:

> [Paolo] si è formato in Italia abbeverandosi alla sorgiva inesausta di una tradizione grammaticale di cui conosciamo poco più che la etichetta. Ma culturalmente, il suo punto di partenza sembra non differire molto da quello di un Angilberto o di un Eginardo. In Italia, come in

9. B. Croce, *La poesia. Introduzione alla critica e alla storia della poesia e della letteratura*, a cura di G. Galasso, Milano 1994, p. 286.
10. Vinay, *Pretesti della memoria per un maestro*, p. 75.
11. Vinay, *Paolo Diacono e la poesia*, pp. 97 e 113.
12. Ivi, p. 101.

Francia, si è conservato il telaio inanimato dell'antichità e il problema è di riapprendere l'arte del tessere.[13]

Vinay dovette trovare particolarmente ben riuscita la metafora della tessitura se, pochi capoversi dopo aver evocato arti e telai, scelse un passo della *Storia dei Longobardi*, e, non solo per la sua collocazione, al centro dell'opera, lo definì una «"macchia" sulla quale si svolge il tessuto poetico della *Historia* e nella quale si ravvisano i suoi temi più significativi».[14] Al centro della sua opera, Paolo aveva posto quello che, senza soluzione di continuità, Vinay considererà sempre il nucleo mitico dell'*Historia*, una narrazione delle proprie vicende familiari e personali fondata sulla distinzione tra storia generale e genealogia.[15]

La genealogia paolina ebbe origine in Pannonia, regione compresa tra i fiumi Danubio e Sava, nei tempi in cui i Longobardi migrarono verso l'Italia. Tra coloro che raggiunsero la penisola c'era anche il trisavolo di Paolo, Leupichis. Vissuto per alcuni anni nell'area dell'attuale Cividale del Friuli, Leupichis morì lasciando cinque figli piccoli che caddero prigionieri degli Avari. Di quattro di essi Paolo non ricordava nemmeno il nome; il quinto, Lopichi, tentò la fuga una volta cresciuto, dirigendosi di nuovo verso l'Italia, «dove ricordava che risiedeva il popolo dei Longobardi». Fuggì armato solo di arco e frecce, ignaro della direzione da prendere per riconquistare la libertà. All'improvviso, si trovò di fronte un lupo, che invece di attaccarlo iniziò a fargli da guida. Il lupo camminava davanti a lui e si voltava ogni tanto per assicurarsi che Lopichi lo stesse seguendo. In un primo momento, l'antenato di Paolo giudicò quella strana guida un dono divino; poi, spinto dalla fame, dal momento che tutto il poco cibo che aveva portato con sé era terminato, tentò addirittura di ucciderlo con una freccia la sua guida per cibarsene. Accortosi del tentativo, il lupo scomparve e lo lasciò solo, stremato al punto da gettarsi a terra. A questo punto egli sognò: un uomo lo esortava ad alzarsi e gli indicava la strada. Il sogno lo condusse fino ad una abitazione – un'abitazione

13. Ivi, p. 100.
14. Ivi, p. 102.
15. Paolo Diacono, *Historia Langobardorum*, a cura di L. Bethmann e G. Waitz, *M.G.H.*, *Scriptores rerum Langobardicarum et Italicarum*, Hannover 1878, pp. 12-187 (d'ora in avanti HL). Tutte le traduzioni sono mie.

di «Slavi» precisa Paolo – dove Lopichi trovò una donna anziana disposta a rifocillarlo, con la lentezza necessaria a coloro che per troppo tempo erano rimasti digiuni. Nascosto in casa, ristorato e pronto a partire, egli fu infine instradato verso l'Italia, dove giunse pochi giorni dopo, «fino alla casa dove era nato». La casa era diruta e invasa dai rovi; tagliati i rovi, rimase un frassino, al quale il fuggitivo appese la sua faretra. Dopo poco tempo, con l'aiuto di amici e parenti, riuscì a rimettere in sesto l'abitazione e a sposarsi, ma non a recuperare i beni di suo padre, che rimasero in uso a coloro che ne avevano goduto durante la prigionia dell'antenato di Paolo presso gli Avari. Lopichi generò in seguito Arechi, Arechi Warnefrit e Warnefrit Paolo e il fratello, anche lui Arechi.

Per Vinay la poesia dell'autore della *Storia dei Longobardi* stava in un impasto di qualità positive frenate da alcuni limiti. Il limite principale era la scuola, che aveva inculcato in Paolo «il rigore logico della "prosa"»[16] e che era servita da freno alla sua fantasia. Tale giudizio era un «giudizio d'insieme abbastanza probabile», che fu formulato perché sembrava «impossibile delimitare nella loro concretezza le fonti di cui l'autore si è servito e i limiti del loro apporto anche formale».[17] Impossibile, si è appena detto, ma non intentato.

Per svolgere la trama dell'*Historia Langobardorum* era possibile aggrapparsi ad almeno due capi. Il primo, quello percorso da Vinay nel 1950, svolgeva il filo robusto e rotondo di una valutazione estetica e ideale dell'opera di Paolo. Nell'Argentina come nell'Italia del XX secolo, una simile valutazione passava attraverso categorie ideali come "romanità" e "germanesimo"; esse davano forma a immagini di Barbari e Germani, riassunte e depotenziate attraverso opere come la *Storia dei Longobardi*. Il secondo capo, afferrato per un attimo dallo stesso Vinay del 1950, non perdeva di vista un giudizio formale abbastanza probabile sulla *Storia*, ma partiva da un problema concreto.

Non dimentichiamo che Gustavo Vinay giudicò impossibile afferrare saldamente il secondo capo. Quando, due anni dopo aver dato alle stampe *Paolo Diacono e la poesia*, egli si trovò di fronte a un lungo saggio impegnato a decifrare *alcuni caratteri stilistici dell'Historia Langobardorum*, il pessimismo di Vinay fu motivato. Si può pensare

16. Vinay, *Paolo Diacono e la poesia*, p. 103.
17. Ivi, p. 102.

che il dissenso vertesse soprattutto sulla nozione di stile, ma le implicazioni di quanto egli sostenne sono molto più ampie, a cominciare dall'annotazione posta al termine della breve recensione. Esistono «mille latini medievali» – scrisse Vinay – «perché ce n'è assai più d'uno in molti autori». L'impossibilità di giungere a una lingua artificiale, astrattamente corretta, era la premessa per valutare storicamente la tradizione manoscritta di un'opera; non un solo e unico testo, ma una stratificazione di esso che tenga conto della «molteplicità delle trascrizioni coeve».[18] In ciò il recensore dissentiva apertamente dal recensito; i punti di contatto con esso stavano nell'esordio della nota:

> La difficoltà maggiore che si incontra in questi studi particolari, che in tanto sono validi in quanto puntualmente orientati nel tempo e nello spazio, è data dalla natura del materiale a stampa di cui disponiamo, anche se la leggerezza di troppi studiosi continua a mietere indifferentemente nel Migne, nei *Monumenta Germaniae historica*, nel *Corpus* di Vienna e a raffrontar covoni che in comune hanno solo la paglia. Soprattutto per l'alto medio evo, il problema del testo critico diviene così essenziale.[19]

Se accostiamo questo esordio a quanto sostenuto solo due anni prima da Vinay, ci sembrerà di osservare da lontano due uomini su due colline non troppo distanti che cercano di trasmettersi lo stesso messaggio. Da una parte l'idea di una "barbarie longobarda" condivisa in continenti e contesti diversi, Borges e Vinay, il problema della poesia di Paolo e il *passepartout* rappresentato dal conflitto plurimillenario tra romanità e germanesimo; dall'altra la valutazione dei molti latini di Paolo Diacono e di ricerche delimitate e puntuali, del problema della storia della tradizione manoscritta e della centralità del testo critico.

Sarebbe illusorio credere a una cesura netta nella valutazione di uno studioso che, tra il 1950 e il 1952, si accostò alla figura e all'opera di Paolo Diacono. Già nel 1950 si erano affacciati alcuni dei criteri di giudizio e dei metodi non troppo diversi da quelli difesi nel 1952. Ser-

---

18. G. Vinay, a proposito di D. Bianchi, *Di alcuni caratteri stilistici della Historia Langobardorum di Paolo Diacono* (estratto dalle «Memorie storiche forogiuliesi» 40, 1952, pp. 75), «Studi medievali», 18 (1953), p. 362.

19. Ivi, p. 361.

vendosi della metafora della tessitura, Gustavo Vinay pose il problema della cultura di Paolo Diacono, della "scuola" da lui frequentata, degli incontri fatti e dei libri letti, sia pure nel quadro di una valutazione della genealogia familiare inserita nell'*Historia Langobardorum* (che egli considerava il cardine di tutta l'opera). Vinay parlò esplicitamente dei limiti di Paolo, di una sorta di eccesso di logica e di razionalità che facevano velo alla poesia e spingevano verso un giudizio generale, ma non rinunciò a evocare, smentendola subito, la possibilità di avvicinarsi al modo concreto di operare di Paolo.

Si limitò a evocare e ad alludere: non esplorò la possibilità di avvicinarsi al testo in maniera diversa nemmeno nel suo definitivo esperimento di lettura sopra l'*Historia Langobardorum*, apparso nel 1978 con il titolo *Un mito per sopravvivere*. Esercitò però il dubbio verso antichi schemi interpretativi se scelse di esordire con una dichiarazione molto diversa dal ritratto del Longobardo ideale tracciato nel 1950: «I Longobardi paiono venire dal nulla e dal nulla tornare: per questo ancor oggi la loro storia è così insidiosa». Tale approccio era molto diverso dal presunto unanimismo che si celava dietro le categorie di *romanità* e *germanesimo*; ora era Paolo a narrare una storia dei tempi passati, «in chiave germanica e non italica».[20]

Come per il saggio apparso nel 1952 rispetto a quello dato alle stampe solo due anni prima, alcune costanti non venivano meno: l'*Historia Langobardorum* restava una storia generale trasformata in genealogia; letterariamente essa era un «miracolo» il cui «ordito» era realizzato per convergere sulla macchia rappresentata dalla storia della famiglia dell'autore,[21] ma la macchia si dilatava fino ad occupare tutta la scena, diventando un «grande affresco» non completamente riuscito. Le ragioni del fallimento erano le consuete: un eccesso di razionalizzazione fino a formare quasi una serie di didascalie non richieste alla grande tela. Ma, sostenne Vinay,

> è proprio in questo ampio capitolo che convergono nel modo più eloquente gli elementi originari della *Historia Langobardorum*: l'antistoria che è riaffiorare di ancestrali ottusità, la storia che è perenne rinverdire del futuro, l'autobiografia che è Lopichi. Il passato e l'attesa di Paolo.[22]

20. Vinay, *Un mito per sopravvivere*, pp. 98-99.
21. Ivi, pp. 101-102.
22. Ivi, p. 117.

Dal passato e dall'attesa nacque la definizione dell'*Historia Langobardorum* come «mito per sopravvivere». Quando Paolo scrisse la sua opera il regno longobardo era già un ricordo, soppiantato dalla dominazione carolingia; il passato più recente era di gran lunga meno preferibile a un tempo mitico, autobiografico e fantastico, riassunto tutto nell'interferenza tra storia generale e genealogia. Paolo avrebbe dovuto fermarsi, non procedere oltre, perché la storia che egli si apprestava a scrivere non rispondeva più alla domanda "chi erano i Longobardi", ma, ormai, a "che cosa essi pensavano". Le condizioni in cui maturò la decisione di non fermarsi sono quelle che seguono:

Con l'approssimarsi del presente le notizie si moltiplicano in intreccio, l'intreccio si vuole razionale, Paolo non può tracciare linee a mano libera, deve usare il reticolo e il reticolo è "latino". Tra l'oggi e l'altro ieri la fantasia si degrada in immaginazione, il mito in realtà romanzesca [...]. Un materiale manipolabile ma secondo schemi attuali, invece che eroici, clericali.[23]

Fantasia/immaginazione, eroico/clericale, mano libera/reticolo: quanto c'è di vero o di verisimile in coppie di opposti tanto nette? Fino a che punto esse consentono di capire come lavorava Paolo Diacono? Poco o nulla. Nessuno studioso di Paolo affronterebbe oggi la produzione dell'autore dell'*Historia Langobardorum* armato delle categorie di fantasia (contrapposta all'immaginazione), di eroismo (germanico) avverso al clericalismo (inevitabile in chi era diacono, ovvero aveva ricevuto gli ordini minori) o di reticolo, ovviamente latino, ma privo di misure e proporzioni esatte. Ciononostante, il precedente di Vinay resta fondamentale, nella misura in cui il «mito per sopravvivere» rappresentato dall'*Historia Langobardorum* verrà mutato di segno: non più un «mito per sopravvivere», ma la necessità di sopravvivere al mito generato dall'opera maggiore di Paolo.

Si è soliti dire che i miti sono duri a morire. Perlomeno in buona parte della longobardistica, tale osservazione non solo è senso comune, ma pratica quotidiana. Dal 1514-1515 – anni nei quali apparvero le prime versioni a stampa dell'*Historia Langobardorum* – gli storici dei Longobardi hanno abbondantemente mietuto il vasto campo aperto dall'opera maggiore di Paolo Diacono. Ne hanno fatto quelli che

23. Ivi, p. 118.

Gustavo Vinay definì nel 1952 covoni, di paglia certo, ma senza la consapevolezza che con la paglia un tempo si facevano pure i mattoni e che il problema del testo critico è essenziale anche per gli storici.

I filologi mediolatini lo sanno bene: una nuova edizione del testo dell'*Historia Langobardorum* che superasse quella procurata da Ludwig Bethmann e Georg Waitz nel 1878 apporterebbe enormi benefici quanto alla lingua del testo, scarsi sul piano dell'informazione.[24] Non per questo gli storici sono autorizzati a dimenticare il testo, a collocarlo sullo sfondo, nella speranza che il muro di avvenimenti costruiti sulla base del testo stesso regga, per lo meno fino a quando qualcuno non inizi a voler vedere più da vicino le connessure tra i vari mattoni che lo compongono.

Lo sguardo che individua le connessure non potrà essere uno sguardo d'insieme, consapevole delle difficoltà che si incontrano in studi particolari e dunque limitato nel tempo e nello spazio. Rispondere alla domanda "come lavorava Paolo Diacono" significherà accettare la sfida della concretezza: concretezza nell'individuare le trascrizioni coeve che Paolo avrebbe potuto avere sotto gli occhi, le fonti di cui egli si servì e i limiti del loro apporto anche formale. Ripartiamo da qui.

Scorrendo un qualunque indice passabilmente ordinato dell'*Historia Langobardorum* si resta colpiti dalla parsimonia con la quale Paolo Diacono fece il nome delle proprie fonti. Si concentrò su due di esse: papa Gregorio Magno e Secondo di Trento.

Gregorio Magno fece la sua comparsa dopo una lunga enumerazione[25] di quelli che dovevano essere gli eroi culturali di Paolo, riuniti sotto l'egida di Giustiniano imperatore e legislatore. Dopo Cassiodoro (che brillava «tanto nella scienza secolare, quanto in quella divina»), Dionigi (che «con mirabile argomentazione compose il calcolo per la determinazione della data della Pasqua»), Prisciano (esploratore delle «profondità dell'arte grammatica»), Aratore («poeta mirabile», versificatore degli *Atti degli Apostoli*) veniva papa Gregorio che, scrisse Paolo Diacono con un vezzo tipico degli storici (l'interiezione «come

---

24. P. Chiesa, *Caratteristiche della trasmissione dell'*Historia Langobardorum, in *Paolo Diacono e il Friuli altomedievale (secc. VI-X)*, 2 voll., Spoleto 2001, vol. 1, p. 54.

25. HL I 25, analizzata da C. Villa, *Lay and Ecclesiastical Culture*, in *Italy in the Early Middle Ages*, a cura di C. La Rocca, Oxford 2002, pp. 190-191.

è noto»), aveva composto «con stile soave» una *vita* di Benedetto inclusa nei suoi *Dialoghi*. Per non essere da meno, egli inserì subito dopo due *carmina* da lui composti in onore dello stesso Benedetto, traendo la maggior parte del materiale volto in versi dagli stessi *Dialoghi* e riuscendo infine a "rimproverare" Gregorio Magno per non aver raccolto un episodio della vita del fondatore di Montecassino incluso invece nell'*Historia Langobardorum*.

Paolo fu perlomeno "onesto" nel riferire che egli aveva tratto le sue informazioni «dal carme del poeta Marco»[26] e tuttavia il tono familiare che egli utilizzò lascia pochi dubbi (non modificando affatto il problema della rilevanza di Gregorio e della sua opera). La familiarità di Paolo con Gregorio Magno nasceva da una circostanza precisa.

Nell'*Historia* Paolo sottolineò di aver composto una *Vita Gregorii*, scritta «con l'aiuto di Dio» e con la convinzione di aver già narrato, «a misura delle forze della nostra debolezza, davvero tutto quanto» sulla vita di Gregorio vescovo della Chiesa di Roma.[27] Parte delle notizie presenti nella *Vita* furono riutilizzate nell'*Historia Langobardorum*. Ciò che di nuovo vi era nell'*Historia* era il rapporto tra fonti gregoriane note e una fonte nota solo[28] per essere stata ricordata e utilizzata da Paolo Diacono: l'*historiola* di Secondo di Trento.

In gioventù, come diacono della Chiesa di Roma, Gregorio compose per ordine di papa Pelagio II una lettera per il vescovo di Aquileia Elia, «che non voleva accogliere [*suscipere*] i Tre Capitoli della sinodo di Calcedonia».[29] Credo non sia azzardato pensare che la fonte di Paolo sulla lettera del giovane Gregorio – attribuzione

---

26. HL I 26, e commento di Lidia Capo in Paolo Diacono, *Storia dei Longobardi*, a cura di Ead., Milano 1992, p. 418. Marco visse in età giustinianea?

27. HL III 24: Paolo Diacono, *Vita sancti Gregori Magni*, a cura di S. Tuzzo, Pisa 2002.

28. Escludendo il frammento edito da Ludwig Bethmann e Waitz: HL, p. 25, n. 3. Secondo viene menzionato per la prima volta in HL III 29, come autore «di alcune cose sopra le gesta dei Longobardi»; notizie più dettagliate su di esso, *servus Christi*, morto a Trento nel marzo del 612, autore di una «piccola storia dei Longobardi fino ai suoi tempi» vengono fornite in HL IV 40. La più efficace messa a punto su Secondo si deve a W. Pohl, *Secundus von Trient*, in *Reallexikon der germanischen Altertumskunde*, vol. 27, Berlin-New York 2004, pp. 638-639.

29. HL III 20. Su Gregorio redattore di lettere per Pelagio II va visto P. Meyvaert, *A Letter of Pelagius II Composed by Gregory the Great*, in *Gregory the Great. A Symposium*, a cura di J.C. Cavadini, Notre Dame-London 1995, pp. 99-103.

non altrimenti nota – fosse proprio l'*historiola* di Secondo, tanto più che l'*Historia Langobardorum*, dopo averci informato sull'invio dei *Dialoghi* (un'opera in quattro libri «sulla vita dei santi», in forma di «conversazione a due» tra lo stesso Gregorio e il suo diacono Pietro) di Gregorio Magno alla regina Teodolinda e sulla «fede di Cristo» di quest'ultima,[30] diede notizia della pace raggiunta tra Longobardi e Romani riportando una lunga epistola di ringraziamento di Gregorio a Teodolinda e ad Agilulfo.[31]

Le lettere, in realtà, erano due, ed erano la diretta conseguenza dell'azione svolta da Teodolinda in favore della «Chiesa di Dio». Quando ancora i Longobardi non erano cristiani – sostenne Paolo – essi avevano depredato tutte le chiese dei loro beni; ora, grazie all'opera della regina, re Agilulfo divenne cattolico e diede alla «Chiesa di Cristo» molti beni, restaurando anche la dignità dei vescovi, «che erano sottomessi e disprezzati».[32] A Teodolinda si doveva anche la stipulazione di una «pace fermissima»[33] tra Agilulfo e Gregorio Magno, a tal punto ferma che Gregorio si decise a riprendere il calamo tra le mani per elogiare la regina e – nella seconda lettera copiata da Paolo – per ringraziare il re di aver accondisceso a mettere fine a una guerra che non giovava a nessuno, poiché in essa si consumava soprattutto «il sangue dei contadini, il cui lavoro è utile a entrambi».[34]

Nonostante quest'ultimo accenno, come per i *carmina* desunti dai *Dialoghi* gregoriani, rinuncio a riportare per esteso le lettere di Gregorio citate da Paolo, ma non ad accennare alle ulteriori conseguenze del modo di lavorare dell'autore della *Storia dei Longobardi*. Egli doveva avere sul tavolo una raccolta delle epistole di Gregorio Magno (della quale non sappiamo nulla) e l'*historiola* di Secondo (il cui frammento oggi noto non corrisponde in nulla al racconto paolino) quando decise di narrare concisamente il battesimo del figlio di Teodolinda e Agilulfo, Adaloaldo. Secondo Paolo, Adaloaldo fu «levato dal fonte battesimale [*susceptus de fonte est*] dal servo di Cristo Secondo, di cui spesso abbiamo fatto menzione».[35]

30. HL IV 5.
31. HL IV 9.
32. HL IV 6.
33. HL IV 8.
34. HL IV 9.
35. HL IV 27.

Ho analizzato altrove gli antecedenti e le conseguenze del battesimo del figlio di Agilulfo e Teodolinda.[36] Qui basterà ricordare come l'uso di un verbo chiaramente connotato come *suscipere* (riferito all'istituto del padrinaggio) sia una spia lessicale importante che unisce l'*Historia Langobardorum* e le epistole redatte da Gregorio. Nel 599, sollecitato da Secondo, Gregorio inviò al futuro padrino di Adaloaldo una lettera contenente alcuni ragguagli sulla fedeltà delle Chiese dell'Oriente al concilio di Calcedonia, sui Tre Capitoli e sul battesimo degli infanti; nel 603, dopo il battesimo di Adaloaldo, lo stesso Gregorio inviò a Teodolinda una lettera di felicitazioni per l'avvenuto battesimo, accompagnata da una copia degli atti del concilio di Costantinopoli del 553, affinché Secondo, nominato esplicitamente, li «rileggesse» e verificasse la loro assoluta compatibilità con i quattro concili che lo avevano preceduto.

Sul tavolo di Paolo le lettere di Gregorio e l'*historiola* di Secondo si trasformarono in una narrazione compiuta: compiuta, si badi, per Paolo Diacono e non per la sensibilità degli storici moderni, per i quali la definizione data da Paolo del cosiddetto scisma tricapitolino o scisma di Aquileia – il già ricordato rifiuto del vescovo Elia di «accogliere [*suscipere*] i Tre Capitoli della sinodo di Calcedonia» – va considerato un errore.[37]

Oggi sappiamo che lo scisma dei Tre Capitoli o scisma aquileiese fu il rifiuto di molte Chiese dell'Occidente (ridottesi infine alla Chiesa di Aquileia e alle sue suffraganee) di accettare le deliberazioni del concilio riunitosi a Costantinopoli nel 553 per ratificare la condanna dei Tre Capitoli (Teodoro di Mopsuestia, Teodoreto di Cirro e Iba di Edessa), considerati ortodossi dal concilio di Calcedonia celebrato un secolo prima, nel 451.[38] In Occidente questa condanna fu considerata come un tradimento di Calcedonia. Sappiamo anche che Secondo di Trento fu messo in guardia da papa Gregorio affinché non cadesse nell'«errore degli scismatici» che per ignoranza si erano divisi dalla

---

36. In F. Mores, *Invasioni d'Italia. La prima età longobarda nella storia e nella storiografia*, Pisa 2011, pp. 241-271.

37. Come ha sostenuto Lidia Capo nel suo commento a Paolo Diacono, *Storia dei Longobardi* III 20, p. 477.

38. Stato della questione e sistematizzazione delle conoscenze acquisite in A. Grillmeier, *Gesù il Cristo nella fede della chiesa*, vol. 2/2, *La chiesa di Costantinopoli nel VI secolo*, Brescia 1999, pp. 566-567.

Chiesa di Roma. Il verbo utilizzato da Gregorio Magno nel 603, in coincidenza con l'invio degli atti del concilio di Costantinopoli del 553 a Secondo, era di per sé rivelatore: *rileggere*, ovvero *leggere* quegli atti che molti davano prova di non conoscere. L'atteggiamento di Secondo non era un caso isolato. Con l'eccezione di Aquileia, lo scisma dei Tre Capitoli in Occidente si era precocemente caratterizzato per la non conoscenza delle deliberazione del Costantinopolitano II e per la forte rivendicazione di autonomia di fronte alla Chiesa di Roma, espressa da una generico riferimento alla "fede dei Padri".

Utilizzando come fonte l'*historiola* di Secondo, Paolo non poteva avere le idee chiare sulla storia della Chiesa di Aquileia alla fine del VI secolo. Il vescovo Elia aveva accettato (*suscipere*) o avuto in sospetto (*suspicere*) i Tre Capitoli? Come poteva il vescovo Giovanni II di Ravenna riconciliare nella comunione con Roma il successore di Elia di Aquileia, Severo, dopo essersi lui stesso «distaccato dalla comunione» con essa durante i pontificati di Vigilio e di Pelagio?[39]

Le incertezze di Paolo erano la conseguenza immediata del suo modo di lavorare. Verso la fine dell'*Historia Langobardorum*, quando egli dovette dare conto della fine dello scisma dei Tre Capitoli sullo scorcio del VII secolo, si servì della *Chronica* di un autore anglosassone, Beda (vissuto tra il VII e il primo trentennio dell'VIII secolo), modificandone in parte lo stile, in nulla il contenuto:

> In questo tempo la sinodo tenuta ad Aquileia diffidò, per imperizia di fede, a riconoscere il quinto concilio universale, finché, istruita dai salutari ammonimenti del beato papa Sergio, anch'essa a questo con tutte le altre Chiese di Cristo acconsentì di accettarlo. Questa sinodo fu fatta a Costantinopoli al tempo di papa Vigilio, sotto Giustiniano augusto, contro Teodoro e tutti gli eretici che affermano che la beata Maria aveva generato solo un uomo, non Dio e uomo. In quella sinodo cattolicamente fu stabilito che la beata vergine Maria fosse sempre chiama *Theotocos*, dal momento che, come sostiene la fede cattolica, non generò solo un uomo, ma veramente Dio e uomo.[40]

---

39. HL III 26.
40. HL VI 14: *Chronica*, a cura di Th. Mommsen, in *Chronica minora saec. IV. V. VI. VII*, vol. 3, *M.G.H. Auctores antiquissimi*, vol. 9, Berolini 1898, pp. 317 e 315.

Da Beda Paolo prelevò la notizia di una celebrazione di una sinodo ad Aquileia, l'intervento di papa Sergio e la finale accettazione
del Costantinopolitano II; prelevò anche la definizione bedana del
concilio riunito da Giustiniano nel 553, convocato contro Teodoro
(di Mopsuestia, uno dei cosiddetti Tre Capitoli?) e contro «tutti gli
eretici», ma si trovò a dover colmare con altre fonti il contenuto
dottrinale di queste presunte eresie.

È stato suggerito che l'esposizione di Paolo, immediatamente
successiva all'accenno a Teodoro e a «tutti gli eretici», non sia altro
che un riferimento ai punti qualificanti del terzo concilio ecumenico
(celebrato nel 431 a Efeso) circa il dogma di Maria madre di Dio,
tornati d'attualità nella controversia adozionista esplosa nell'ultimo
quindicennio di vita di Paolo Diacono.[41] Un simile elemento di critica esterna al testo dell'*Historia Langobardorum* non può essere
trascurato. C'è tuttavia un altro elemento che deve essere analizzato
e che attiene più direttamente al modo in cui Paolo Diacono lavorava. Lo considererò brevemente, a modo di conclusione, soprattutto
perché esso, al di là dell'apporto formale delle fonti di cui Paolo
Diacono si servì, lascia intravedere il vasto spazio delle trascrizioni
coeve alla stesura dell'*Historia Langobardorum*.

L'*Historia* – già lo sappiamo – fu composta alla fine dell'VIII
secolo. Nello stesso torno di anni, tra la fine dell'VIII e l'inizio del
IX secolo, in Italia centrale, fu allestito un manoscritto (oggi presso
la Biblioteca nazionale di Parigi, numero d'ordine 10318 dei codici
latini) che rappresenta uno degli esempi più compiuti di miscella-
nee laiche di carattere enciclopedico, ordinate ad uso di quel potere
carolingio che andava consolidandosi in tutta Europa.[42] Miscellanea
"laica", si è appena detto, ma (se consideriamo il significato moderno di "laico", ovvero "ignorante di religione") con alcune eccezioni.

41. W. Pohl, *Heresy in Secundus and Paul the Deacon*, in *The Crisis of the
Oikoumene. The Three Chapters and the Failed Quest for Unity in the Sixth-Century Mediterranean*, a cura di C. Chazelle e C. Cubitt, Turnhout 2007, p. 259.

42. M. Spallone, *Il Par. lat. 10318 (Salmasiano): dal manoscritto alto-medievale ad una raccolta enciclopedica tardo-antica*, in «Italia medioevale e umanistica», 25 (1982), pp. 36-37. Ciò che segue riprende e sviluppa C. Villa, *Cultura classica e tradizione longobarde: tra latino e volgari*, in *Paolo Diacono. Uno scrittore
fra tradizione longobarda e rinnovamento carolingio*, a cura di P. Chiesa, Udine
2000, pp. 593-595.

Ecco la più rilevante, fondamentale per il ragionamento che stiamo conducendo:

> Non indagare in quale modo il figlio uscì fuori dalla vergine intatta e come una volta nato volle soffrire di sua volontà. Questi fatti nessuno deve argomentare ma soltanto credere.[43]

I versi appena riportati sono contenuti nel codice parigino e preceduti da un titolo: *Versus domini Petri Referendarii in basilica palatii sancte Mariae* [«Versi di Pietro referendario nella basilica del palazzo di santa Maria»]. Non sappiamo nulla di questo Pietro *referendario*, né abbiamo elementi che consentano di collegarlo a Paolo Diacono. Ciononostante, il codice ora parigino, coevo alla stesura dell'*Historia Langobardorum*, può a pieno titolo rientrare nel ragionamento svolto finora. Proviamo a riassumerlo per punti, prima di fare un passo ulteriore: 1) per descrivere il punto di vista degli aquileiesi Paolo fece riferimento a una notizia tratta dalla cronaca di Beda («la sinodo tenuta ad Aquileia diffidò, per imperizia di fede, a riconoscere il quinto concilio universale, finché, istruita dai salutari ammonimenti del beato papa Sergio, anch'essa a questo con tutte le altre Chiese di Cristo acconsentì di accettarlo»[44]); 2) la fece seguire dalla notizia del concilio celebrato nel 553 («La quinta sinodo universale si riunì a Costantinopoli al tempo di papa Vigilio, sotto Giustiniano augusto, contro Teodoro e tutti gli eretici»[45]); 3) vi aggiunse un'ulteriore precisazione («che affermano che la beata Maria aveva generato solo un uomo, non Dio e uomo. In quella sinodo cattolicamente fu stabilito che la beata vergine Maria fosse sempre chiama *Theotocos*, dal momento che, come sostiene la fede cattolica, non generò solo un uomo, ma veramente Dio e uomo»).

---

43. *Anthologia latina*, pars prior: *Carmina in codicibus scripta*, a cura di A. Riese, Leipzig 1894, 380.

44. Beda, *Chronica*, p. 317. A sua volta, Beda riportava il racconto contenuto nella vita di papa Sergio (687-701) inclusa nella raccolta di biografie di vescovi della Chiesa di Roma nota come *Liber pontificalis* (*Le Liber pontificalis*, a cura di L. Duchesne e C. Vogel, 3 voll., Paris 1955-1957, vol. 1, p. 374), modificandolo in un punto fondamentale. Il *Liber* accennava al patriarca di Aquileia e ai suoi suffraganei («sinodo di Aquileia»), Beda di una «sinodo *fatta* ad Aquileia». L'aggiunta del participio non è di poco conto.

45. Beda, *Chronica*, p. 315.

Ecco il punto. Dopo aver utilizzato due passi di Beda, in ordine non cronologico, Paolo Diacono fornì ai suoi lettori una descrizione sufficientemente generica di uno degli assunti teologici usciti dal terzo e ribaditi nel quarto concilio ecumenico. La descrizione non lasciava spazio a dubbi: non chiedete di più, perché né Paolo né le sue fonti sono in grado di rispondere, tantomeno su intricate questioni teologiche.

Ancora. Ciò non significa che Paolo stesse citando la sentenza tradita dal Parigino latino 10318, ma che una *trascrizione* coeva testimonia l'esistenza di una *tradizione* coeva, da leggere in parallelo al resoconto paolino, resistendo alla tentazione del metodo filologico-combinatorio.

Il significato dell'esperimento di lettura che ho proposto sta tutto qui, insieme all'attualità della lezione dello studioso evocato nella prima parte del mio saggio. Gustavo Vinay lesse e rilesse – *molto lentamente* – l'*Historia Langobardorum* di Paolo Diacono. Quasi contemporaneamente a Jorge Luis Borges, ne ricavò dapprima l'impressione che il problema che essa rappresentava fosse riconducibile al binomio poesia-non poesia, poi cominciò a interessarsi alla tessitura dell'opera paolina. Vi riconobbe un nucleo mitico, rappresentato dalla genealogia familiare di Paolo, e una cultura condizionante, difficile da definire vista la difficoltà di individuare le fonti di Paolo Diacono e il limiti del loro apporto anche formale. Le difficoltà intraviste non fermarono la riflessione di Vinay. Se il punto di partenza doveva essere sempre il testo e la lingua, era legittimo allargare lo sguardo verso le trascrizioni coeve di un testo, intendendo per trascrizione anche tutto ciò che concretamente poteva concorrere a formare una cultura. Se è vero che Vinay non trasse tutte le conseguenze dalla sua folgorante intuizione, è anche vero che egli coniò una definizione – l'*Historia Langobardorum* come «mito per sopravvivere» – che sembrava fatta apposta per essere rovesciata.

Sopravvivere al mito: questo è ciò che si è tentato di fare, scegliendo un frammento della *Storia dei Longobardi* per esaminarne fonti, forma e trascrizioni.

Bibliografia

Aethicus Ister, *Cosmographia*, a cura di O. Prinz, *M.G.H. Quellen zur Geistesge-schichte*, vol. 14, München 1993

Angold M., *Procopius' Portrait of Theodora*, in *ΦΙΛΕΛΛΗΝ. Studies in Honour of Robert Browning*, a cura di C. Constantinides, N. Panagiotakes, E. Jeffreys, A. Angelou, Venezia 1996, pp. 21-34

Anthologia latina, pars prior *Carmina in codicibus scripta*, a cura di A. Riese, Leipzig 1894

Anton H.H., Becher M., Pohl W., Wolfram H., Wood I.N., *Origo gentis*, in *Reallexikon der germanischen Altertumskunde*, vol. 22, Berlin-New York 2003, pp. 174-210

Autenrieth J., *Die Handschriften der ehemaligen Hofbibliothek Stuttgart*, vol. 3, *Codices iuridici et politici (HB VI 1-139)*. *Patres (HB VII 1-71)*, Wiesbaden 1963

Azzara C., *Gregorio Magno, i Longobardi e l'Occidente barbarico. Costanti e peculiarità di un rapporto*, in «Bullettino dell'Istituto storico italiano per il medio evo e Archivio Muratoriano», 97 (1991), pp. 1-74

Battaglia S., *Grande dizionario della lingua italiana*, 21 voll., Torino 1961-2002

Beck H., Ellmers D., Schier K., *Germanische Religionsgeschichte. Quellen und Quellenprobleme*, Berlin-New York 1992

Beda, *Chronica*, a cura di Th. Mommsen, in *Chronica minora saec. IV. V. VI. VII*, vol. 3, Berolini 1898, pp. 223-354

Benedicty R., *Die Milieu-Theorie bei Prokop von Kaisareia*, in «Byzantinische Zeitschrift», 55 (1962), pp. 1-10

Bernt G., *Walahfrid Strabo*, in *Lexikon des Mittelalters*, vol. 8, München 1997, coll. 1937-1938

Bertolini O., *La data dell'ingresso dei Longobardi in Italia*, in «Bollettino della società pavese di storia patria», 20 (1920), pp. 11-70, e in Id., *Scritti scelti di storia medievale*, Livorno 1968, vol. 1, pp. 19-61

Bertolini O., *I papi e le missioni fino alla metà del secolo VIII*, in *La conversione al cristianesimo nell'Europa dell'alto medioevo*, Spoleto 1967 (Settimane di studio del Centro italiano di studi sull'alto medioevo, 14), vol. 1, pp. 327-363

Bischoff B., *Eine Sammelhandschrift Walahfrid Strabos (Cod. Sangall. 878)*, in *Mittelalterliche Studien*, vol. 2, Stuttgart 1967, pp. 34-51

Borges J.L., *L'aleph*, Milano 2009

Borges J.L., *La biblioteca inglese. Lezioni sulla letteratura*, a cura di M. Arias e M. Hadis, Torino 2006

Borges J.L., *Cartas del fervor. Corrispondencia con Maurice Abramowicz y Jacobo Sureda (1919-1928)*, a cura di C. García e C. Pera, Madrid 1999

Borges J.L., *Un ensayo autobiográfico. Edición del centenario (1899-1999)*, a cura di A. González, Barcelona 1999

Borges J.L., *Obras completas*, vol. 4, *(1975-1988)*, Barcelona 1996

Borges J.L., *Testi prigionieri*, a cura di T. Scarano, Milano 1998

Borges J.L., Vázquez M.E., *Letterature germaniche medioevali*, Napoli 1984

Bornmann F., *Motivi tucididei in Procopio*, in «Atene e Roma», 19 (1974), pp. 138-150

Börm H., *Prokop und die Perser. Untersuchungen zu den römisch-sasanidischen Kontakten in der ausgehenden Spätantike*, Stuttgart 2007

Braun H., *Procopius Caesariensis quatenus imitatus sit Thucydidem*, in «Acta Seminarii Erlangensis», 4 (1886), pp. 161-221

Byzantine Diplomacy, a cura di J. Shepard e S. Franklin, Aldershot 1992

Cameron A., *Agathias*, Oxford 1970

Cameron A., *Agathias on the Early Merovingians*, in «Annali della Scuola Normale Superiore di Pisa. Classe di Lettere e Filosofia», 37 (1968), pp. 95-140

Cameron A., *Procopius and the Sixth Century*, London 1985

Cammarosano P., *Tradizione, storiografia e storia dei Longobardi: un cenno introduttivo*, in *Langobardia* [v.], pp. VI-XIX

Carile A., *La prossemica del potere: spazi e distanze nei cerimoniali di corte*, in *Uomo e spazio nell'alto Medioevo*, Spoleto 2003 (Settimane di studio del Centro italiano di studi sull'alto medioevo, 50), vol. 2, pp. 589-653

Cassio Dione, *Historia Romana*, a cura di L. Dindorf e I. Melber, 3 voll., Leipzig 1890-1928

Cassiodoro Senatore, *Institutiones*, a cura di R.A.B. Mynors, Oxford 1961

Cavallo G., *Per l'origine e la data del Cod. Matrit. 413 delle Leges Langobardorum*, in *Studi di storia dell'arte in memoria di Mario Rotili*, Napoli 1984, pp. 135-142

Cervani R., *La fonte tridentina della Historia Langobardorum di Paolo Diacono*, in «Atti dell'Accademia roveretana degli Agiati», 236 (1986), pp. 97-103

Cesa M., *Etnografia e geografia nella visione storica di Procopio di Cesarea*, in «Studi classici e orientali», 32 (1982), pp. 189-215

Cesa M., *La politica di Giustiniano verso l'Occidente nel giudizio di Procopio*, in «Athenaeum», 59 (1981), pp. 389-409

Cesaretti P., *All'ombra di una preterizione: Proc. Aed. I 1,1*, in «Rivista di studi bizantini e neoellenici», n.s., 45 (2008), pp. 153-178

Cesaretti P., *«Bona civitatibus ex historia» (Proc. Aed. I 1,2)*, in «Νέα Ῥώμη», 7 (2010), in corso di stampa

Cesaretti P., *Due agnizioni per Procopio*, in «Rivista di studi bizantini e neoellenici», n.s., 46 (2009), pp. 3-31

Cesaretti P., *Teodora. Ascesa di una imperatrice*, Milano 2001

Cessi R., *Le prime conquiste longobarde in Italia*, in «Nuovo archivio veneto», 18/35 (1918), pp. 103-158

Cessi R., *Studi sulle fonti dell'età gotica e longobarda*, I, *I "Fasti Vindobonenses"*, in «Archivio Muratoriano», 17-18 (1916), pp. 295-405

Cessi R., *Studi sulle fonti dell'età gotica e longobarda*, II, *'Prosperi continuatio Hauniensis'*, in «Archivio Muratoriano», 22 (1922), pp. 585-641

Chiesa P., *Caratteristiche della trasmissione dell'*Historia Langobardorum, in *Paolo Diacono e il Friuli altomedievale (secc. VI-X)*, 2 voll., Spoleto 2001, vol. 1, pp. 45-66

Chronica minora saec. IV. V. VI. VII, a cura di Th. Mommsen, 3 voll., Berolini 1892-1898

Chronicon Salernitanum, a cura di U. Westerbergh, Lund 1956

Ciglenečki S., *Langobardische Präsenz im Südostenalpenraum im Lichte neuer Forschungen*, in *Die Langobarden* [v.], pp. 265-280

Cingolani S.M., *Le storie dei Longobardi. Dall'Origine a Paolo Diacono*, Roma 1995

Clavis Patrum Latinorum, a cura di E. Dekkers, Turnhout 1995

Collins R., *Fredegar*, in *Authors of the Middle Ages. Historical and Theological Writers of the Latin West*, vol. 4, a cura di P. Geary, Aldershot 1996, pp. 73-138

Collins R., *Die Fredegar-Chroniken*, Hannover 2007

Costantino Porfirogenito, *De administrando imperio*, a cura di G. Moravcsik e R.J.H. Jenkins, 2 voll., Budapest-London 1949 e 1962

Cresci L.R., *Ancora sulla* μίμησις *in Procopio*, in «Rivista di filologia e di istruzione classica», 114 (1986), pp. 448-457

Cresci L.R., *Aspetti della* μίμησις *in Procopio*, in «Δίπτυχα ʽΕταιρείας Βυζαντινῶν καὶ Μεταβυζαντινῶν Μελετῶν», 4 (1986-1987), pp. 232-249

Cresci L.R., *Diplomazia tra retorica e ideologia nella monografia storica del XII secolo*, in Ead., Gazzano F., Orsi D.P., *La retorica della diplomazia nella Grecia antica e a Bisanzio*, a cura di L. Piccirilli, Roma 2002, pp. 111-166

Cresci L.R., *Michele Attaliata e gli* ἔθνη *scitici*, in «Νέα ʽΡώμη», 1 (2004), pp. 186-207

Cresci L.R., *Procopio al confine tra due tradizioni storiografiche*, in «Rivista italiana di filologia classica», 129 (2001), pp. 61-77

Croce B., *La poesia. Introduzione alla critica e alla storia della poesia e della letteratura*, a cura di G. Galasso, Milano 1994

Croke B., *Chronicles, Annals and 'Consular Annals' in Late Antiquity*, in «Chiron», 31 (2001), pp. 291-331

Dahn F., *Procopius von Caesarea. Ein Beitrag zur Historiographie der Völkerwanderung und des sinkenden Römertums*, Berlin 1865

Delogu P., *Kingship and the Shaping of the Lombard Body Politic*, in *The Langobards before the Frankish Conquest. An Ethnographic Perspective*, a cura di G. Ausenda, P. Delogu, Ch. Wickham, Woodbridge 2009, pp. 251-274

Delogu P., *Il regno longobardo*, in P. Delogu, A. Guillou, G. Ortalli, *Longobardi e Bizantini*, Torino 1980, pp. 1-216

Ditten H., *Zu Prokops Nachrichten über die deutschen Stämme*, in «Byzantinoslavica», 36 (1975), pp. 1-24, e 37 (1976), pp. 184-191

Downey G., *Paganism and Christianity in Procopius*, in «Church History», 18 (1949), pp. 89-102

Dujčev I., *Bizantini e Longobardi*, in *La civiltà dei Longobardi in Europa*, Roma 1974, pp. 45-78

L'écriture de la mémoire. La littérarité de l'historiographie, a cura di P. Odorico, P. Agapitos, M. Hinterberger, Paris 2004

Elferink M.A., Τύχη *et Dieu chez Procope de Césarée*, in «Acta Classica», 10 (1967), pp. 111-134

Erhart P., Kleindinst J., *Urkundenlandschaft Rätien*, Wien 2004

Erodoto, *Historiae*, a cura di C. Hude, 2 voll., Oxford 1927

Eustazio di Tessalonica, *Commentarii ad Homeri Iliadem pertinentes*, a cura di M. van der Valk, 4 voll., Leiden 1971-1987

Eustazio di Tessalonica, *La espugnazione di Tessalonica*, a cura di S. Kyriakidis, Palermo 1961

Evans J., *Christianity and Paganism in Procopius of Caesarea*, in «Greek, Roman and Byzantine Studies», 12 (1971), pp. 81-100

Fanning S., *Lombard Arianism Reconsidered*, in «Speculum», 56 (1981), pp. 241-258

Fatouros G., *Zur Prokop-Biographie*, in «Klio», 62 (1980), pp. 517-523

Francovich Onesti N., *Vestigia longobarde in Italia (568-774). Lessico e antroponimia*, Roma 1999

Freculfo di Lisieux, *Opera omnia*, a cura di M.I. Allen, Turnhout 2002

Fredegario, *Chronicarum libri IIII cum continuationibus*, a cura di B. Krusch, in *M.G.H. Scriptores rerum Merovingicarum*, vol. 2, Hannover 1888, pp. 1-193

Fröhlich H., *Zur Herkunft der Langobarden*, in «Quellen und Forschungen aus italienischen Archiven und Bibliotheken», 55/56 (1976), pp. 1-21

Gardiner K., *Paul the Deacon and Secundus of Trento*, in *History and Historians in Late Antiquity*, a cura di B. Croke e A.M. Emmett, Sydney 1983, pp. 147-153

Gasparri S., *La cultura tradizionale dei Longobardi. Struttura tribale e resistenze pagane*, Spoleto 1983

Gibbon E., *Storia della decadenza e caduta dell'impero romano*, a cura di G. Frizzi, 3 voll., Torino 1967

Giordane, *Romana et Getica*, a cura di Th. Mommsen, *M.G.H. Auctores antiquissimi*, vol. 5/1, Berolini 1882

Goffart W., *Does the Distant Past Impinge on the Invasion Age Germans?*, in *On Barbarian Identity. Critical Approaches to Ethnicity in the Early Middle Ages*, a cura di A. Gillett, Turnhout 2002, pp. 21-37

Goffart W., *The Narrators of Barbarian History (A.D. 550-800): Jordanes, Gregory of Tours, Bede, and Paul the Deacon*, Princeton 1988

Gorman M., *The Manuscript Tradition of the Works of Saint Augustine*, Firenze 2001

Gormley C.M., Rouse M.A., Rouse R.H., *The Medieval Circulation of the* De Chorographia *of Pomponius Mela*, in «Mediaeval Studies», 46 (1984), pp. 266-320

Greatrex G., *The dates of Procopius'works*, in «Byzantine and Modern Greek Studies», 18 (1994), pp. 101-114

Greatrex G., *Lawyers and Historians in Late Antiquity*, in *Law, Society, and Authority in Late Antiquity*, a cura di R.W. Mathisen, Oxford 2001, pp. 148-161

Greatrex G., *Recent work on Procopius and the composition of* Wars *VIII*, in «Medieval Prosopography», 27 (2003), pp. 45-67

Greatrex G., *Stephanus, the Father of Procopius of Caesarea?*, in «Medieval Prosopography», 17 (1996), pp. 125-145

Grillmeier A., *Gesù il Cristo nella fede della chiesa*, vol. 2/2 *La chiesa di Costantinopoli nel VI secolo*, Brescia 1999

Gschwantler O., *Die Heldensage von Alboin und Rosimund*, in *Festgabe Otto Höfler zum 75. Geburtstag*, a cura di H. Birkhan, Wien 1976, pp. 214-254

Hachmann R., *Die Goten und Skandinavien*, Berlin 1970

Halm C., *Lindenbrog Friedrich*, in *Allgemeine Deutsche Biographie*, vol. 18, Leipzig 1883, pp. 692-693

Hauck K., *Carmina antiqua. Abstammungsglaube und Stammesbewußtsein*, in «Zeitschrift für bayerische Landesgeschichte», 27 (1964), pp. 1-33

Hauck K., *Lebensnormen und Kultmythen in germanischen Stammes- und Herrschergenealogien*, in «Saeculum», 6 (1955), pp. 186-223

Haury J., *Zur Beurteilung des Geschichtschreibers Procopius von Cäsarea*, München 1896

Hemmerdinger B., *La division en livres de l'œuvre de Thucydide*, in «Revue des études grecques», 61 (1948), pp. 104-117

Hermann J.H., *Die frühmittelalterlichen Handschriften des Abendlandes. Beschreibendes Verzeichnis der illuminierten Handschriften in Österreich*, vol. 1 *Die illuminierten Handschriften und Inkunabeln der Nationalbibliothek in Wien*, Leipzig 1923

Herren M., *The 'Cosmography' of Aethicus Ister. Speculations about its Date, Provenance and Audience*, in *Nova de Veteribus*, a cura di A. Bihrer e E. Stein, München 2004, pp. 79-102

Hilchenbach K.P., *Das vierte Buch der Historien von Gregor von Tours*, 2 voll., Bern 2009

Historia Langobardorum codicis Gothani, a cura di G. Waitz, in *M.G.H. Scriptores rerum Langobardicarum et Italicarum*, Hannover 1878, pp. 5-11

History as Literature in Byzantium, Papers from the Fortieth Spring Symposium of Byzantine Studies, Birmingham, April 2007, a cura di R. Macrides, Aldershot 2010

Howard-Johnston J., *The Education and Expertise of Procopius*, in «Antiquité Tardive», 8 (2000), pp. 19-30

Hörandner W., *Das Bild der Anderen: Lateiner und Barbaren in der Sicht der byzantinischen Hofpoesie*, in «Byzantinoslavica», 54 (1993), pp. 162-168

Hrováth E., *Friedrich Lindenbruch und die Gottorfer Bibliothek*, in *Die Bibliothek der Gottorfer Herzöge*, a cura di U. Kuder, H.-W. Stork, B. Tewes, Nordhausen 2008, pp. 65-78

Jacobi R., *Die Quellen der Langobardengeschichte des Paulus Diaconus*, Halle 1877

Jarnut J., *Das Herzogtum Trient in Longobardischer Zeit*, in «Atti dell'Accademia roveretana degli Agiati», 235 (1985), pp. 167-177

Jarnut J., *I Longobardi nell'epoca precedente all'occupazione dell'Italia*, in *Langobardia* [v.], pp. 3-34

Jarnut J, *Storia dei Longobardi*, Torino 1995

Jorgensen E., *Catalogus codicum Latinorum Medii Aevi Bibliothecae Regiae Hafnensis*, Kobenhavn 1926

Kaegi W., *Procopius the Military Historian*, in «Byzantinische Forschungen», 15 (1990), pp. 53-85

Kaldellis A., *The Date and Structure of Prokopios' Secret History and His Projected Work on Church History*, in «Byzantine and Modern Greek Studies», 49 (2009), pp. 585-616

Kaldellis A., *Procopius of Caesarea. Tyranny, History and Philosophy at the End of the Antiquity*, Philadelphia 2004

Koder J., *Zum Bild des «Westens» bei den Byzantinern in der frühen Komnenenzeit*, in Deus qui mutat tempora. Menschen und Institutionen im Wandel des Mittelalters. Festschrift für Alfons Becker zu seinem fünfundsechzigsten Geburtstag, a cura di E.-D. Hehl, H. Seibert, F. Staab, Sigmaringen 1987, pp. 191-201

Lamma P., *Comneni e Staufer. Ricerche sui rapporti fra Bisanzio e l'Occidente nel secolo XII*, 2 voll., Roma 1955 e 1957

Lamma P., *Oriente e Occidente nell'alto medioevo. Studi storici sulle due civiltà*, Padova 1968

Lamma P., *Ricerche sulla storia e la cultura del VI secolo*, Brescia 1950, e in Id., *Oriente e Occidente nell'alto medioevo* [v.], pp. 83-160

Lamma P., *Sulla fortuna dei Longobardi nella storiografia bizantina*, in *Atti del I Congresso internazionale di studi longobardi*, Spoleto 1952, pp. 349-362, e in Id., *Oriente e Occidente nell'alto medioevo* [v.], pp. 215-229

Lamma P., *Teoderico nella storiografia bizantina*, in «Studi romagnoli», 3 (1952), pp. 87-95, e in Id., *Oriente e Occidente nell'alto medioevo* [v.], pp. 187-196

Die Langobarden. Herrschaft und Identität, a cura di W. Pohl e P. Erhart, Wien 2005

Langobardia, a cura di S. Gasparri e P. Cammarosano, Udine 1990

Le leggi dei Longobardi. Storia, memoria e diritto di un popolo germanico, a cura di C. Azzara e S. Gasparri, Roma 2005

Il Liber epistolarum *della cancelleria austrasica*, a cura di E. Malaspina, Roma 2001

Le Liber pontificalis, a cura di L. Duchesne e C. Vogel, 3 voll., Paris 1955-1957

Libri pontificalis pars prior, a cura di Th. Mommsen, *M.G.H. Gesta pontificum Romanorum*, vol. 1, Berolini 1898

Lilie R.-J., *Anna Komnene und die Lateiner*, in «Byzantinoslavica», 54 (1993), pp. 169-182

I Longobardi e la Lombardia. Saggi, Milano 1978

Lo Monaco F., *Andreas Bergomas presb. Abbreviatio historiae Langobardorum*, in *La trasmissione dei testi latini del medioevo* [v.], pp. 24-27

Bibliografia 147

Lowe E.A., *Codices Latini Antiquiores*, 11 voll., Suppl., Oxford 1934-1972
Luciano, *Quomodo historia conscribenda sit*, a cura di M.D. Macleod, in *Luciani Opera*, vol. 3, Oxford 1980

Malone K., *Agelmund and Lamicho*, in «American Journal of Philology», 47 (1926), pp. 319-346
Maltese E., *La storiografia*, in *Lo spazio letterario della Grecia antica*, a cura di G. Cambiano, L. Canfora, D. Lanza, vol. 2, *La ricezione e l'attualizzazione del testo*, Roma 1995, pp. 355-388
Les manuscrits de l'abbaye de Saint-Victor. Catalogue etabli sur la base du repertoire de Claude de Grandrue (1514), a cura di G. Ouy, Turnhout 1999
Marrou H.-I., *Saggi sulla decadenza. Trasformazione e continuità dell'antico*, Milano 2002
McKitterick R., *The Carolingians and the Written Word*, Cambridge 1999
Meier M., *Von Prokop zu Gregor von Tours. Kultur- und mentalitätengeschichtlich relevante Folgen der 'Pest' im 6. Jahrhundert*, in *Gesundheit-Krankheit. Kulturtransfer medizinischen Wissens von der Spätantike bis in die frühe Neuzeit*, a cura di F. Steger e K. Jankrift, Köln-Weimar-Wien 2004, pp. 19-40
Melucco Vaccaro A., *I Longobardi in Italia. Materiali e problemi*, Milano 1988
Meyvaert P., *A Letter of Pelagius II Composed by Gregory the Great*, in *Gregory the Great. A Symposium*, a cura di J.C. Cavadini, Notre Dame-London 1995, pp. 94-116
Milham M.E., *Mela Pomponius*, in *Catalogus Translationum et Commentariorum*, a cura di F.E. Cranz e P.O. Kristeller, vol. 5, Washington D.C. 1984, pp. 257-285
Mommsen Th., *Die Quellen der Langobardengeschichte des Paulus Diaconus*, in «Neues Archiv» 5 (1880), pp. 51-103
Moravcsik G., *Byzantinoturcica*, vol. 1, *Die Byzantinische Quellen der Geschichte der Türkenvölkern*, Berlin 1958
Mores F., *Invasioni d'Italia. La prima età longobarda nella storia e nella storiografia*, Pisa 2011
Münsch O., *Der Liber legum des Lupus von Ferrières*, Frankfurt am Main 2001
Muhlberger S., *Heroic Kings and Unruly Generals: the "Copenhagen" Continuation of Prosper Reconsidered*, in «Florilegium», 6 (1984), pp. 50-95

Nedoma R., *Der altisländische Odinsname langbardr: ,Langbart' und die Langobarden*, in *Die Langobarden* [v.], pp. 439-444
Nedoma R., *Der Name der Langobarden*, in «Die Sprache», 37/1 (1995/1997), pp. 99-104
Niceforo Callisto Xantopulo, *Historia Ecclesiastica*, in *Patrologia Graeca*, voll. 145-147, Paris 1865
Niketas Choniates. A Byzantine Historian and Writer, a cura di A. Simpson e S. Efthymiadis, Géneve 2009

Obolensky D., *The Principles and Methods of Byzantine Diplomacy*, in *XIIe Congrès international des études byzantines*, Beograd-Ochrid 1961, pp. 45-61

Oralité et lien social au Moyen Âge (Occident, Byzance, Islam): parole donnée, foi jurée, serment, a cura di M.-F. Auzépy e G. Saint-Guillain, Paris 2008

Origo gentis Langobardorum, a cura di G. Waitz, in *M.G.H. Scriptores rerum Langobardicarum et Italicarum*, Hannover 1878, pp. 1-6 (= OgL)

Origo gentis Langobardorum, a cura di A. Bracciotti, Roma 1998

Pani L., *Aspetti della tradizione manoscritta dell'*Historia Langobardorum, in *Paolo Diacono* [v.], pp. 367-412

Paolo Diacono, *Historia Langobardorum*, a cura di L. Bethmann e G. Waitz, in *M.G.H., Scriptores rerum Langobardicarum et Italicarum*, Hannover 1878, pp. 12-187

Paolo Diacono, *Storia dei Longobardi*, a cura di L. Capo, Milano 1992

Paolo Diacono. Uno scrittore fra tradizione longobarda e rinnovamento carolingio, a cura di P. Chiesa, Udine 2000

Paolo Diacono, *Vita sancti Gregorii Magni*, a cura di S. Tuzzo, Pisa 2002

Pietro Patrizio, *Fragmenta*, in *Fragmenta Historicorum Graecorum*, a cura di C. Müller, vol. 4, Paris 1885, pp. 180-191

Plassmann A., *Origo gentis. Identitäts- und Legitimitätsstiftung in früh- und hochmittelalterlichen Herkunftserzählungen*, Berlin 2006

Pohl W., *La costituzione di una memoria storica: il caso dei Longobardi*, in *Studi sulle società e le culture del medioevo per Girolamo Arnaldi*, a cura di L. Gatto e P. Supino Martini, Firenze 2002, pp. 563-580

Pohl W., *The Empire and the Lombards: Treaties and Negotiations in the Sixth Century*, in *Kingdoms of the Empire. The Integration of Barbarians in Late Antiquity*, a cura di W. Pohl, Leiden-New York-Köln 1997, pp. 75-133

Pohl W., *Gender and Ethnicity in the Early Middle Ages*, in *Gender in the Early Medieval World. East and West, 300-900*, a cura di L. Brubaker e J. Smith, Cambridge 2004, pp. 23-43.

Pohl W., *Geschichte und Identität im Langobardenreich*, in *Die Langobarden* [v.], pp. 555-566

Pohl W., *Heresy in Secundus and Paul the Deacon*, in *The Crisis of the Oikoumene. The Three Chapters and the Failed Quest for Unity in the Sixth-Century Mediterranean*, a cura di C. Chazelle e C. Cubitt, Turnhout 2007, pp. 243-264

Pohl W., *Justinian and the Barbarian Kingdoms*, in *The Cambridge Companion to the Age of Justinian*, a cura di M. Maas, Cambridge 2005, pp. 448-476

Pohl W., *Migration und Ethnogenese der Langobarden aus Sicht der Schriftquellen*, in *Kulturwandel in Mitteleuropa. Langobarden-Awaren-Slawen*, a cura di J. Bemmann e M. Schmauder, Bonn 2008, pp. 1-12

Pohl W., *Origo gentis (Langobarden)*, in *Reallexikon der germanischen Altertumskunde*, vol. 22, Berlin-New York 2003, pp. 183-188

Pohl W., *Paolo Diacono e la costruzione dell'identità longobarda*, in *Paolo Diacono* [v.], pp. 413-426

Pohl W., *Paulus Diaconus und die "Historia Langobardorum"*, in *Historiographie im Frühmittelalter*, a cura di A. Scharer e G. Scheibelreiter, Wien 1994, pp. 375-405

Pohl W., *Werkstätte der Erinnerung. Montecassino und die langobardische Vergangenheit*, Wien 2001
Pohl W., *Paulus Diaconus*, in *Reallexikon der germanischen Altertumskunde*, vol. 22, Berlin-New York 2003, pp. 527-532
Pohl W., *Secundus von Trient*, in *Reallexikon der germanischen Altertumskunde*, vol. 27, Berlin-New York 2004, pp. 638-639.
Procopio di Cesarea, *Bella*, Id., *Opera omnia* [v.], voll. 1-2
Procopio di Cesarea, *De aedificiis*, Id., *Opera omnia* [v.], vol. 4
Procopio di Cesarea, *La guerra gotica*, a cura di D. Comparetti, 3 voll., Roma 1895-1898
Procopio di Cesarea, *Le guerre. Persiana Vandalica Gotica*, a cura di M. Craveri, Torino 1977
Procopio di Cesarea, *Historia arcana*, Id., *Opera omnia* [v.], vol. 3
Procopio di Cesarea, *History of the Wars*, a cura di H.B. Dewing, 5 voll., London-Cambridge 1914-1928
Procopio di Cesarea, *Opera omnia*, a cura di J. Haury, rev. G. Wirth, 4 voll., Leipzig 1962-1964
Procopio di Cesarea, *Santa Sofia di Costantinopoli. Un tempio di luce (*De aedificiis *I 1,1-78)*, a cura di P. Cesaretti e M.L. Fobelli, Milano 2011
Procopius, a cura di G. Dindorf e C. Maltret, 3 voll., Bonn 1833-1838
The Prosopography of the Later Roman Empire, a cura di J.R.Martindale, voll. II, IIIA e IIIB, Cambridge 1980 e 1992
Prosperi Aquitani chronici continuator Hauniensis, a cura di G. Hille, Berlin 1866

Quaresima E., *Il frammento di Secondo di Trento*, in «Studi Trentini di Scienze Storiche», 31/1 (1952), pp. 72-76

Ravegnani G., *Soldati di Bisanzio in età giustinianea*, Roma 1988
Repertorium fontium historiae medii aevi, 11 voll., Roma 1962-2007
Reynolds S., *Medieval Origines Gentium and the Community of the Realm*, in «History» 68 (1983), pp. 375-390
Ricoeur P., *Tempo e racconto*, vol. 2, *La configurazione del racconto di finzione*, Milano 1987
Roques D., *Les Constructions de Justinian de Procope de Césarée*, in «Antiquité Tardive», 8 (2000), pp. 31-43
Rotari, *Edictus*, a cura di F. Bluhme, in *M.G.H. Leges Langobardorum*, Hannover 1868, pp. 1-3
Russo G., *Leggi longobarde nel codice O.I.2 della Biblioteca Capitolare di Modena*, in Id., *Scritti di storia del diritto e di storia della chiesa*, Milano 1983, pp. 33-48

Saitta B., *Crisi demografica e ordinamento ecclesiastico nell'Italia di Gregorio Magno*, in «Romanobarbarica», 19 (2006-2009), pp. 189-229
Schmitt O., *Das Normannenbild im Geschichtswerk des Niketas Choniates*, in «Jahrbuch der Österreichischen Byzantinistik», 47 (1997), pp. 157-177

Schönfeld M., *Langobardi*, in *Realencyclopädie der classischen Altertumswissenschaft*, a cura di G. Wissowa e W. Kroll, vol. XII, 1, Stuttgart 1924, coll. 677-686

Simek R., *Lexikon der germanischen Mythologie*, Stuttgart 1995

Spadaro M.D., *I barbari nelle fonti antiche e protobizantine*, in «Salesianum», 67 (2005), pp. 861-879

Spallone M., *Il Par. lat. 10318 (Salmasiano): dal manoscritto alto-medievale ad una raccolta enciclopedica tardo-antica*, in «Italia medioevale e umanistica», 25 (1982), pp. 1-74

Speeten J. van der, *Quelques remarques sur la collection canonique de Weingarten*, in «Sacris Erudiri», 29 (1986), pp. 25-118

Stein E., *Histoire du Bas-Empire*, vol. 2, *De la disparition de l'Empire d'Occident à la mort de Justinien (476-565)*, Paris-Bruxelles-Amsterdam 1949

Strabone, *Geographica*, a cura di A. Meineke, 3 voll., Leipzig 1915-1925

Suidae Lexicon, a cura di A. Adler, 5 voll., Stuttgart 1928-1938

Tabacco G., *L'avvento dei Carolingi nel regno dei Longobardi*, in *Il regno dei Longobardi in Italia. Archeologia, società e istituzioni*, a cura di S. Gasparri, Spoleto 2004, pp. 443-479

Tacito, *Annales*, a cura di P. Wuilleumier e J. Hellegouarc'h, 4 voll., Paris 1975-1989

Tacito, *Germania*, a cura di J. Perret, Paris 1949

Taragna A.M., *Logoi historias. Discorsi e lettere nella prima storiografia bizantina*, Alessandria 2000

Text and Transmission. A Survey of the Latin Classics, a cura di L.D. Reynolds, Oxford 1983

Thesaurus Procopii Caesariensis. De bellis, Historia arcana, De aedificiis, a cura di B. Coulie e B. Kindt, Turnhout 2000

Tinnefeld F.H., *Kategorien der Kaiserkritik in der byzantinischen Historiographie von Prokop bis Niketas Choniates*, München 1971

Tolomeo, *Geographia*, a cura di C.F.A. Nobbe, 3 voll., Leipzig 1843-1845

Topolski J., Righini R., *Narrare la storia. Nuovi principi di metodologia storica*, Milano 1997

Tougher S., *Cameron and Beyond*, in «Histos», 1 (1997), www.dur.ac.uk/Classics/histos/1997/tougher.html

La trasmissione dei testi latini del medioevo. Mediaeval Latin Texts and their Transmission, a cura di P. Chiesa e L. Castaldi, vol. 1, Firenze 2004

Treadgold W., *The Early Byzantine Historians*, New York 2007

Troya C., *Storia d'Italia del medio-evo*, IV/1, *Codice diplomatico longobardo dal DLXVIII al DCCLXXIV*, I, Napoli 1852

Tucidide, *Historiae*, a cura di H. Stuart-Jones e J.E. Powell, 2 voll., Oxford 1942

Vázquez M.E., *Colloqui con Borges. Immagini, memorie, visioni*, Palermo 1982

Velleio Patercolo, *Historia Romana*, a cura di J. Hellegouarc'h, 2 voll. Paris 1982

Villa C., *Cultura classica e tradizione longobarde: tra latino e volgari*, in *Paolo Diacono* [v.], pp. 575-600

Villa C., *Lay and Ecclesiastical Culture*, in *Italy in the Early Middle Ages*, a cura di C. La Rocca, Oxford 2002, pp. 189-204

Vinay G., *Alto medioevo latino. Conversazioni e no*, Napoli 1978

Vinay G., *Alto medioevo latino. Conversazioni e no*, a cura di I. Pagani e M. Oldoni, Napoli 2003

Vinay G., a proposito di D. Bianchi, *Di alcuni caratteri stilistici della* Historia Langobardorum *di Paolo Diacono* (estratto dalle «Memorie storiche forogiuliesi» 40, 1952, pp. 75), in «Studi medievali», 18 (1953), pp. 361-362

Vinay G., *Paolo Diacono e la poesia*, in «Convivium», 1 (1950), pp. 97-113

Vinay G., *Peccato che non leggessero Lucrezio*, a cura di C. Leonardi, Spoleto 1989

Vinay G., *Pretesti della memoria per un maestro*, Spoleto 1993

Waitz G., *Zur Frage den Quellen der* Historia Langobardorum, in «Neues Archiv», 5 (1880), pp. 415-424

Wenskus R., *Sachsen-Angelsachsen-Thüringer*, in *Entstehung und Verfassung des Sachsenstammes*, a cura di W. Lammers, Darmstadt, 1967, pp. 483-545

Wolfram H., *Einleitung oder Überlegungen zur Origo gentis*, in *Typen der Ethnogenese unter besonderer Berücksichtigung der Bayern*, a cura di H. Wolfram e W. Pohl, Wien 1990, pp. 19-34

Wood I.N., *Aethicus Ister: An exercise in difference*, in *Grenze und Differenz im frühen Mittelalter*, a cura di W. Pohl e H. Reimitz, Wien, 2000, pp. 197-208

Wood I.N., *Categorising the Cynocephali*, in *Ego Trouble. Authors and their Identities in the Early Middle Ages*, a cura di R. Corradini, M. Gillis, R. McKitterick, I. van Renswoude, Wien 2010, pp. 125-136

Wozniak F., *Byzantine Diplomacy and the Lombard-Gepidic Wars*, in «Balkan Studies», 20 (1979), pp. 139-158

Yeats W.B., *A Vision*, London 1962

Zettler A., *Waldo*, in *Lexikon des Mittelalters*, vol. 8, München 1997, col. 1958

Indice dei nomi, dei luoghi e delle cose notevoli

Indice delle fonti

VII 1: 40 n. 107
VII 1-6: 44 n. 121
VII 29, 20: 32 n. 65
VII 30, 4: 41
VII 30, 25: 42, 45
VII 31-32: 41
VII 33: 32 n. 65, 33 n. 74, 34, 41,
45, 48, 56, 59, 63 n. 193, 66-67
VII 33, 1: 34, 41 n. 110
VII 33, 1-2: 34
VII 33, 4-6: 67
VII 33, 7: 66
VII 33, 10: 61, 63
VII 33, 10-11: 33 e n.
VII 33, 14: 43
VII 34: 34-35, 46-47, 73 n. 231
VII 34, 1: 35 n. 80
VII 34, 1-2: 43
VII 34, 4: 46, 49
VII 34, 6: 62
VII 34, 23: 56
VII 34, 24: 36 n. 84, 57 n. 174
VII 34, 40: 34 n. 77, 44 n. 125
VII 34, 45: 45
VII 34, 46: 51
VII 33-34: 48
VII 35: 45
VII 35, 1: 42 n. 111, 46
VII 35, 11: 45
VII 35, 12: 64
VII 35, 18: 47
VII 35, 20: 47, 53, 65
VII 36, 1-14: 46
VII 40, 9: 46
VIII 1, 7: 31 n. 63
VIII 3: 37 n. 89
VIII 5, 5: 32 n. 65
VIII 1-6: 28 n. 42
VIII 7, 3: 32 n. 65
VIII 12, 34-35: 61
VIII 14, 39: 40 n. 104
VIII 17, 1-7: 41 n. 109
VIII 17, 20-22: 48 n. 137
VIII 18: 48
VIII 18, 1: 35
VIII 18, 5: 49 n. 140
VIII 18, 7: 64

VIII 18, 9: 53 n. 160
VIII 18, 13: 49
VIII 18, 12-13: 34
VIII 19: 49
VIII 20: 36, 64
VIII 21: 51
VIII 21, 1-3: 60 n. 179
VIII 21, 5: 59
VIII 23: 65 n. 200
VIII 23, 7: 65 n. 200
VIII 24, 4: 66 n. 204, 68
VIII 24, 5: 51
VIII 24, 5: 59
VIII 25, 14: 76 n. 2
VIII 26, 7: 59
VIII 24, 38: 61 n. 187
VIII 25, 9: 50
VIII 25, 10: 50
VIII 25, 12: 21 n. 12, 51
VIII 25, 13: 51 n. 149, 57 n. 174
VIII 25, 15: 34 e n., 35 n. 78, 51, 65
VIII 25-26: 28 n. 44
VIII 26, 10: 33
VIII 26, 12: 28 n. 45, 33, 35 n. 78, 51
VIII 26, 19: 35, 66
VIII 27, 1: 52
VIII 27, 1-2: 52
VIII 27, 4: 52, 65
VIII 27, 7: 62
VIII 27, 23-24: 64
VIII 27, 28: 62
VIII 27, 29: 54
VIII 27, 26-29: 65
VIII 28, 4: 61 n. 187
VIII 30, 1: 60, 66
VIII 30, 18: 60
VIII 31, 5: 60
VIII 31-32: 66
VIII 32: 32
VIII 32, 5: 64
VIII 32, 11: 60
VIII 32, 29: 61
VIII 33, 1: 60
VIII 33, 1-2: 63
VIII 33, 2-3: 68
VIII 33, 3: 32, 31 n. 61
VIII 33, 24-25: 46 n. 130

Finito di stampare
nel mese di febbraio 2012
da The Factory s.r.l.
Roma